VIVER pode ser
mais fácil!

Antonio Carlos Amador Pereira

Professor no Departamento de Psicologia
do Desenvolvimento da Faculdade de
Ciências Humanas e da Saúde da
Pontifícia Universidade Católica de São Paulo (PUC-SP)

O autor agradece a Ângelo Medina e a editora HARBRA por seu apoio no desenvolvimento desta obra.

Direção Geral:	Julio E. Emöd
Supervisão Editorial:	Maria Pia Castiglia
Revisão:	Estevam Vieira Lédo Jr.
Editoração Eletrônica:	Mônica Roberta Suguiyama
Capa:	Mônica Roberta Suguiyama
	Neusa Sayuri Shinya
Fotografia da Capa:	Shutterstock
Impressão e Acabamento:	Paym Gráfica e Editora Ltda.

CIP-BRASIL. CATALOGAÇÃO NA PUBLICAÇÃO
SINDICATO NACIONAL DOS EDITORES DE LIVROS, RJ

P489v

Pereira, Antonio Carlos Amador
 Viver pode ser mais fácil! / Antonio Carlos Amador Pereira. -- 1. ed. -- São Paulo : HARBRA, 2017.
 128 p. : il. ; 23 cm.

 ISBN: 978-85-294-0496-7

 1. Auto-ajuda. 2. Relações humanas. 3. Comunicação interpessoal. 4. Psicologia. I. Título.

17-41117   CDD: 158.2
              CDU: 316.47

Viver pode ser *mais fácil*!
Copyright © 2017 por editora HARBRA ltda.
Rua Joaquim Távora, 629
04015-001 São Paulo – SP
Tel.: (0.xx.11) 5084-2482. Fax: (0.xx.11) 5575-6876
www.harbra.com.br

Todos os direitos reservados. Nenhuma parte desta edição
pode ser utilizada ou reproduzida –
em qualquer meio ou forma, seja mecânico ou eletrônico, fotocópia, gravação etc. –
nem apropriada ou estocada em sistema de banco de dados,
sem a expressa autorização da editora.

ISBN 978-85-294-0496-7

Impresso no Brasil   *Printed in Brazil*

Apresentação

Tradicionalmente, a Psicologia tem sido definida nos meios acadêmicos como o estudo da mente e do comportamento. Historicamente uma área da Filosofia, nos dias de hoje uma disciplina científica distinta, consistindo em diversos ramos de pesquisa importantes, bem como em diferentes áreas de psicologia aplicada.

Quando, há quase 50 anos, comecei a estudar na PUC-SP foi essa a definição que aprendi. Na época, me encantei com o curso e com a Psicologia. Desde então muita água passou por debaixo da ponte: o mundo mudou, eu amadureci; mas nunca deixei de me dedicar ao estudo e ao exercício da Psicologia, como professor de Psicologia do Desenvolvimento e como psicólogo clínico.

Minha formação acadêmica foi sólida, rigorosa e bem fundamentada, mas a experiência prática do dia a dia também foi muito importante. Aprendi que nós, psicólogos, podemos nos comunicar com as pessoas usando termos compreensíveis, e que também podemos enfatizar o desenvolvimento do potencial humano por meio da experiência cotidiana. Minha abordagem é holística, no sentido de que considero as pessoas como totalidades biológicas, psicológicas e socioculturais, que não podem ser plenamente explicadas apenas em termos de componentes ou características individuais.

Este livro está fundamentado nessas ideias, amadurecidas ao longo do tempo na minha atividade clínica, nas oficinas com pessoas em situação de vulnerabilidade e na prestação de consultorias. Os temas aqui abordados são fruto de uma experiência incrível como articulista, em que pude me comunicar ouvindo de e escrevendo para um público muito diversificado, de praticamente todas as regiões do Brasil. Esses temas aqui abordados estão presentes no cotidiano da maioria das pessoas.

Finalmente, quero enfatizar que este é um livro de Psicologia escrito em uma linguagem compreensível para o público leigo e que os textos estão fundamentados nos meus longos anos de estudo e no que aprendi como psicólogo clínico. Não se trata aqui de distribuir fórmulas ou receitas de bem viver, pois acredito na capacidade de as pessoas fazerem suas próprias escolhas, criarem seus estilos de vida pessoal e se realizarem a seu próprio modo. Os textos constituem um convite ao leitor para que se permita refletir sobre o viver. Por isso mesmo cada tópico termina com uma pergunta ou com um desafio.

Não há como negar que a vida é realmente difícil e complicada no mundo atual. Mas viver pode ser mais fácil!

Antonio Carlos Amador Pereira

Sumário

- Um bom começo pode tornar tudo mais leve   10
- A coragem de mudar   12
- A imagem exterior   14
- Relacionamento e abuso emocional   16
- O desafio da adolescência   18
- Maturidade não é apenas uma questão de idade   20
- Atração interpessoal e amizade   22
- O equilíbrio entre amor e ódio   24
- Até que a morte os separe?   27
- As crises na vida adulta   30
- As paixões   32
- A capacidade de ter segurança em si mesmo   34
- A travessia da crise da meia-idade   36
- E foram felizes para sempre...   38
- Ciúme   41
- Ter equilíbrio entre pensar, sentir e agir   44
- Com medo de dizer não   46
- Essa tal "qualidade de vida"   48
- Em busca de relacionamentos afetivos   50
- Envelhecer e divertir-se   52
- Estar só   54

- Estilos de vida 56
- Você age ou reage? 58
- Pequenos grandes gestos 61
- Identidade e envelhecimento 64
- Casamento, ilusões e ambivalências 67
- Influenciar os outros ou ser influenciado? 70
- Inveja 72
- As relações com adolescentes 74
- O que significa o trabalho para você? 77
- Todos sentimos medo 80
- Meia-idade: melhor época da vida? 83
- Nós e o tempo 86
- A jornada completa 88
- Divórcio: o casal e os filhos 90
- O papel do pai na sociedade moderna 92
- Perdas 94
- Assumir riscos e perder o medo de amar 96
- Ser pessimista ou estar pessimista 99
- Relacionamentos amorosos 101
- Relações recorrentes 103
- Nunca é tão simples 106
- Quando você é seu pior inimigo 108
- Como o que acreditamos influencia nossa vida 110
- Situar-se na família é mostrar que existimos 112
- Solidão no casamento 114
- Sucesso ou fracasso? 117
- Quando é preciso tomar conta de nós mesmos 119
- Viver o presente 122
- Dar um sentido para a vida 125

Caminhante, são seus passos
o caminho e nada mais;
caminhante, não há caminho,
o caminho se faz ao andar.

Ao andar se faz o caminho,
e ao olhar para trás
se vê o caminho
que nunca se voltará a pisar.

Caminhante, não há caminho,
apenas pegadas no mar...

Antonio Machado

Um bom começo pode tornar tudo mais leve

Atualmente vivemos em um ritmo acelerado, com mudanças constantes que produzem inúmeras situações geradoras de estresse. Mesmo quando procuramos formas de descontração nos meios de comunicação, acabamos estimulados por uma torrente de cenas e sons de um mundo em crise. As dificuldades no cotidiano, no trabalho, nos relacionamentos afetivos e familiares aumentam a intensidade dessa pressão. Até mesmo situações corriqueiras, como enfrentar uma fila ou um congestionamento de trânsito, podem provocar irritação. Se um telefone toca enquanto estamos ocupados com outra atividade, ele estará fazendo as vezes de um estressor.

Então, o que acontece quando nos deparamos com tais situações? Alguns reagem com irritação, ou seja, com a *reação de luta* – ficam tensos, mal-humorados, às vezes raivosos; outros escolhem ignorar a interrupção e continuam a fazer o que estavam fazendo, ou seja, apresentam uma *reação de fuga*. Mas também seria possível escolher outra reação: fluir com o estressor e aceitar a interrupção com certa tolerância e tranquilidade.

Acontece que, quando olhamos a vida e o mundo como adultos que pensamos ser – pessoas sisudas e preocupadas, que dão importância demasiada ao trabalho e às responsabilidades –, não percebemos que ainda possuímos dentro de nós aquela criança que fomos um dia, que às vezes se revela quando somos expressivos, afetivos e brincalhões (e também quando estamos com medo, raiva ou quando somos egoístas).

As crianças, quando estressadas, também sentem raiva e podem manifestar a reação de luta. Mas, ao contrário dos adultos, não guardam esse sentimento por muito tempo, não continuam pensando no que aconteceu. Em um instante interessam-se por outra coisa e a raiva passa.

Para elas a vida flui, as coisas mudam, elas mudam. Por que então não nos livrarmos rapidamente dos sentimentos negativos, como as crianças conseguem fazer tão bem? Porque não nos permitimos, pensando que brincar é para crianças, que a infância ficou para trás, definitivamente... Talvez no fim de semana... ou nas férias... depois de termos feito por merecer, trabalhando muito...

Quantas vezes não usamos expressões como "levar a sério" ou "não brinque com isso!" e outras tantas que denotam uma suposta maturidade. A verdade é que não nos permitimos qualquer expressão lúdica, sem que tenhamos cumprido nossa cota de trabalho árduo ou de algum sacrifício que a justifique.

As crianças são naturalmente curiosas, observam o mundo, explorando-o com todos os sentidos. Quando conseguirmos conservar essa capacidade infantil de afeição, de espontaneidade, sensualidade e imaginação, seremos capazes de aproveitar melhor a vida.

> **Você já reparou em um homem idoso tomando um sorvete com enorme satisfação? Ou em uma mulher brincando pela praia? Ou em um casal dançando? Eles não lembram uma criança contente? Não é bom demais estar perto de alguém assim?**

Quem mantém ativo o jeito criança de ser é capaz de confrontar os problemas com otimismo, de relaxar a mente e de manter o bom humor nos momentos difíceis. Essas pessoas são realistas e sabem que os obstáculos do cotidiano são parte da própria vida e por isso tentam enfrentá-los com um olhar diferente. Quem leva a vida e a si mesmo demasiadamente a sério enxerga o mundo sempre do mesmo jeito e acaba enclausurado em obrigações.

Poderíamos tocar a vida sem aumentar as tensões, sem franzir a testa todo o tempo. Se brincarmos com nossas dificuldades e rirmos de nós mesmos, talvez consigamos resolver os problemas com mais leveza. Brincar é ter coragem de explorar a vida e suas possibilidades ainda não exploradas, olhar as experiências no presente, desfrutá-las calmamente, permitir-se sorrir, cantar e até mesmo dançar. Afinal, parafraseando um filósofo do século XIX: "Quem não sabe dançar, jamais será capaz de pensar".

➠ Para você, brincadeiras são apenas coisas de crianças?
➠ Em quais ocasiões você se permite brincar?

A coragem de mudar

Há momentos na vida em que sentimos a necessidade de mudar. Algumas pessoas não gostam de si mesmas ou da vida que levam e querem mudar. Outras, apesar de gostarem, desejariam mudar em determinados aspectos. Ambas podem almejar um desenvolvimento em que se sintam mais vivas, mais competentes e mais amorosas. Elas compreendem que desejam melhorar, que precisam mudar.

No entanto, mudar é um desafio. Algumas vezes é fácil, outras vezes nem tanto. Com certa frequência fazemos referência aos nossos hábitos como "coisas que não podem ser mudadas", sem percebermos que esses pensamentos constituem obstáculos ao nosso desenvolvimento, limitando a nossa felicidade.

Os hábitos são ações ou pensamentos que aparentemente são respostas automáticas. Eles diminuem a atenção que precisamos prestar em nossas ações. Quando retiramos a atenção de uma ação, ela se torna mais resistente à mudança, embora mais fácil de executar.

Os maus hábitos são os mais óbvios obstáculos ao crescimento na vida diária. Novas possibilidades são impedidas pela resistência à mudança de hábito.

Muitas pessoas, quando fracassam na tentativa de mudar ou melhorar, se tornam amargas e até mesmo desesperadas. Permanecer na rotina parece mais fácil do que lutar para sair dela. É necessário ter coragem para mudar modos de pensar e de agir que se tornaram arraigados.

Mas o que significa ter coragem? A coragem pode ser definida como a capacidade de enfrentar um desafio apesar dos riscos físicos, psicológicos ou morais envolvidos nesse enfrentamento. Exemplos de coragem incluem salvar a própria vida ou a vida de outrem enfrentando uma ameaça significativa; superar um hábito destrutivo; verbalizar uma opinião impopular; escolher a autenticidade em vez da aprovação e escolhê-la sempre; aceitar a responsabilidade das próprias escolhas e, sem dúvida, ser uma pessoa muito singular.

A coragem é mais do que a capacidade de se mover para a frente apesar do desespero; ela envolve a energia ou força interior que fundamenta tudo o que dizemos, sentimos, pensamos e fazemos. A coragem nos ativa, apesar dos fracassos, desencorajamentos ou desespero.

O oposto da coragem não é o desespero, mas a apatia, a inabilidade de ter um encontro pessoal ou um compromisso. Uma decisão corajosa de mudar, quando se faz necessária, implica um compromisso, um envolvimento total.

A mudança efetiva requer motivação. Muitas pessoas adotariam um novo modo de pensar e de agir se pudessem encontrar uma razão para isso. A habilidade de encontrar uma razão, um significado, deriva da capacidade do ser de avaliar objetivamente as situações.

A evolução pessoal é possível, pois todos possuímos uma capacidade intrínseca para modificar ou mudar nossas atitudes e comportamentos.

> ⇒ Como você se sente em relação ao que fez até agora com sua vida?

A imagem exterior

A imagem exterior é quase uma obsessão na sociedade moderna: nós somos aquilo que aparentamos. Mais do que ser é preciso parecer. E o vestuário tem aqui um papel importante, simbolizando um prolongamento da personalidade: nos manifestamos psicologicamente através da maneira como nos vestimos. Assim, o que vestimos nos significa, outorgando-nos alguns sentidos, que estamos dispostos a aceitar. O modo como nos vestimos e nos apresentamos nos denuncia, refletindo nossos gostos, atitudes, grau de excentricidade e grau de maturidade. Além disso, pode ser também um indicador da influência que a moda exerce sobre nós. Muitos jovens com mais de 20 anos de idade, que já estão na universidade, continuam a utilizar roupas e adereços de adolescentes.

Talvez tenhamos de atentar para o fato de que houve mudanças significativas no ciclo da vida dos seres humanos nos últimos 50 anos. Os avanços tecnológicos e as mudanças na qualidade de vida possibilitaram uma expectativa de vida maior. Atualmente, as pessoas vivem em média muito mais do que seus antepassados. E isso provocou uma mudança considerável nos significados das idades e das condutas: o indivíduo deixa a infância mais cedo, mas demora muito mais tempo para amadurecer. A puberdade chega alguns anos antes em relação ao que ocorria no começo do século passado, mas a adolescência tem se prolongado quase até os 30 anos de idade. A juventude passou a ser mais valorizada socialmente, deixando de ser uma idade para constituir-se em uma estética da vida cotidiana.

Os jovens adultos se vestem como adolescentes, porque eles ainda são *parcialmente adolescentes*, em um mundo que supervaloriza o prazer e o consumo. O que ocorre com eles é similar ao que acontece com os adolescentes mais novos: estão sujeitos às influências do mercado e da mídia, que influenciam sobremaneira seu modo de se vestir e comportar. Hoje em dia, o mercado tem um poder comparável ao que a religião teve no passado, acrescentando aos objetos um valor simbólico fugaz, mas altamente sedutor, cortejando a juventude, depois de instituí-la como protagonista da maioria de seus mitos. Consumidores efetivos ou imaginários, os jovens defrontam-se com um conjunto de objetos e discursos de consumo rápido especialmente preparados para eles. Os produtos devem ser novos, ter o estilo da moda e captar as mudanças mais insignificantes. Sonham-se objetos que transformarão os corpos. Em uma corrida contra o tempo, propõe-se uma ficção: a velhice pode ser adiada e, possivelmente, vencida para sempre. Nesse cenário, não é de admirar que parecer sempre jovem seja o desejo da maioria das pessoas, principalmente das que já são adultas. Utilizar ícones da infância é apenas uma decorrência desse processo.

Algumas pessoas param e olham para o céu, logo outros transeuntes farão o mesmo, ocorrendo um tipo sutil de conformismo – o ajuste do comportamento ou pensamento para que fique na linha do padrão do grupo. Ele aumenta quando somos levados a nos sentir incompetentes, inseguros em relação a nossas escolhas na vida. E é o que acontece com os jovens que, ao defrontar-se com um mundo de incertezas e apelos de consumo, mesmo que se sintam desconfortáveis, procuram refúgio em roupas e adereços utilizados pelo grupo de pares. Uma espécie de comportamento de membro do rebanho, que aplaude quando os outros aplaudem, come quando os outros comem, acredita no que outros acreditam e até mesmo vê o que os outros veem. Esse tipo de conduta evita a rejeição e ajuda a conseguir a aprovação. Os jovens são extremamente suscetíveis a isso, eles evitam a rejeição e buscam a aprovação de seus pares. E a roupa é um elemento tão importante, porque ela indica a pertinência a um grupo de pessoas ou de ideias.

▻ **Pense em como você se mostra aos outros: otimista, pessimista, alegre, triste etc.**
▻ **Você é, de fato, aquilo que aparenta ser?**

Relacionamento e abuso emocional

O relacionamento afetivo entre duas pessoas compreende uma multiplicidade de possibilidades e escolhas dramáticas. Um casamento envolve mais do que simplesmente amor romântico: os laços de estima são constantemente testados pela convivência diária e a relação só perdura dentro de parâmetros saudáveis se houver uma disposição dos membros do casal para dialogar e negociar com frequência, podendo cada um dos parceiros expressar seus sentimentos e necessidades. É importante que cada um esteja preparado para ouvir a outra parte e para ceder quando necessário, mostrando-se uma pessoa autônoma, que é espontânea, flexível e não tolamente impulsiva, e que assume e aceita a responsabilidade por suas próprias escolhas, aprendendo a enfrentar novos desafios e a explorar novas formas de pensar, sentir e responder.

Entretanto, há casais que não fazem esforços para dialogar, nem para mudar o rumo dos acontecimentos. As pessoas apenas se suportam mutuamente, evitando a intimidade e trocando farpas constantemente. Quando não sabem mais trocar carícias, elas se alternam distribuindo desqualificações. Geralmente, o parceiro mais controlador e agressivo pode manifestar uma hostilidade que vai se tornando explícita, pública, fora de controle. Surgem as reprimendas, as humilhações, as críticas, os xingamentos, os gritos, as ameaças e acusações excessivas que, quando passam dos limites, se tornam *abuso emocional*. Esse conceito foi definido por Engel (em seu livro *The Emotionally Abused Woman*: destructive patterns and reclaiming yourself) como qualquer comportamento que visa controlar alguém por meio de medo, humilhação e agressões verbais ou físicas. Isso inclui desde abuso verbal e críticas constantes até táticas mais sutis, como intimidação, manipulação e recusa a se mostrar satisfeito. O abuso emocional se assemelha a uma lavagem cerebral, pois sistematicamente corrói a autoconfiança, o amor-próprio, a confiança nas próprias percepções e o autoconceito da vítima. Seja por meio de repreensões e depreciações constantes, seja por intimidação, ou sob o pretexto de "orientação" ou ensino, os resultados são semelhantes. Por fim, a vítima perde todo o sentido do eu e tudo o que lhe resta de amor-próprio. E, nessa situação de fragilidade, é fora do casamento que muitas vezes ela vai buscar a solução de seus problemas.

O abuso emocional não se limita apenas às relações conjugais, podendo existir em todas as outras relações, no sistema familiar e fora dele. Por exemplo, no relacionamento pais-filhos, nos relacionamentos no ambiente de trabalho e nas escolas. É preciso que as pessoas tomem consciência disso e sejam capazes de perceber quando estão perto de passar o limite do tolerável nas interações com seus semelhantes, pois quem rejeita a consciência, a espontaneidade e a intimidade também rejeita a responsabilidade de moldar a própria vida.

Quantas e quantas vezes não culpamos os outros pelos nossos problemas, sem olhar para os nossos medos, nossa impotência e solidão, para os ciclos de carência, desejo e frustração que nos impelem a começar e a terminar relacionamentos afetivos?

> ➡ **No que diz respeito às emoções, quais são seus limites pessoais?**

O desafio da adolescência

De um ponto de vista psicossocial, formulado pelo psicanalista Erik Erikson, os adolescentes se defrontam com a necessidade de uniformidade pessoal, ou seja, de continuidade entre suas experiências prévias e suas fantasias acerca do futuro. Erikson explica esse fenômeno referindo-se a uma luta por um sentido de identidade do eu.

A luta entre a identidade e a confusão de identidade pode assumir proporções de crise para os adolescentes. Certo número de eventos ocorrendo simultaneamente desafia a identidade previamente estável: o rápido desenvolvimento físico, o crescimento desproporcional dos órgãos sexuais, o despertar da sexualidade, assim como o remanejamento das relações interpessoais e a luta pela independência daquelas pessoas a quem os adolescentes estavam mais intimamente ligados, isto é, a família. Tais mudanças estimulam novas interrogações sobre eles mesmos e seus valores: "Afinal, quem sou eu?".

Valores que se mantiveram inalterados e indiscutíveis durante toda a infância são agora submetidos à mais minuciosa inquirição; metas que não eram nem sequer cogitadas tornam-se agora possibilidades reais. Tudo isso ocorre em conjunto com o desenvolvimento de uma nova estrutura de pensamento.

Os adolescentes constroem uma lógica formal que lhes permite considerar a qualidade hipotética de muitas questões, trabalhando apenas com abstrações. Podem assumir novos papéis e variá-los dia após dia. Em um dia uma garota pode querer ser detetive; no outro, atriz. Enquanto para os adultos essa inconsistência poderia constituir um sinal de séria instabilidade, nos adolescentes é apenas parte de uma atividade na qual ensaia vários papéis sociais para descobrir aquele que se ajusta melhor.

Esse período foi denominado *moratória psicossocial*, um tempo durante o qual uma variedade de papéis pode ser testada e uma variedade de comportamentos pode ser adotada, sem se prestar grande atenção às consequências e sem compromissos, como ocorreria com os adultos. Um estudante pode optar por diversos cursos e testar, assim, certo número de diferentes ocupações profissionais, sendo que uma das quais poderá finalmente ser adotada. Isso lhe dá tempo para examinar as ideias acerca das próprias forças e fraquezas, assim como as opiniões que os outros têm. Poderá também harmonizar seus planos para o futuro com suas aptidões atuais e suas realizações passadas.

O que afirmamos até aqui pressupõe que o adolescente está adquirindo certo sentido de estabilidade, de constância ou de continuidade, que é a "marca registrada" do sentido de identidade. Mas como é que os adolescentes enfrentam a ameaça de difusão ou de confusão da identidade? Um adolescente saudável enfrenta-a definindo seu eu no contexto de um meio ambiente social e físico relativamente estável. Ele encara suas realizações como parte de um sistema social mais amplo. De modo geral, o adolescente normal pode manter um equilíbrio entre a preocupação com suas próprias experiências e desejos subjetivos, e a preocupação com a reação do meio ao seu comportamento.

➡ Quais eram seus projetos de vida na adolescência?
➡ Algum deles foi concretizado?

Maturidade não é apenas uma questão de idade

De um ponto de vista psicológico, a maturidade pode ser compreendida como a capacidade de lidar de forma eficiente e flexível com a experiência e de realizar satisfatoriamente as tarefas do desenvolvimento (biológicas, sociais e cognitivas), típicas do nível etário do indivíduo. Isso não significa, no entanto, associar a maturidade exclusivamente à idade cronológica, como é praxe entre os leigos e em alguns meios.

Por causa dessa concepção errônea de que a maturidade é simplesmente uma questão de acrescentar anos à vida, nem sempre compreendemos que o sofrimento e a frustração acompanham o processo de crescimento. Se a maturidade fosse apenas uma questão de adicionar nossas comemorações de aniversário aos novos privilégios, seria uma coisa relativamente indolor. Mas não é. Nós temos efetivamente a oportunidade de evoluir quando nos deparamos com obstáculos que exigem avaliação, luta e risco. Se tentarmos escapar às consequências desses riscos, permaneceremos crianças desamparadas e dependentes.

Imaginemos por um instante uma ilha pequena e desabitada, no meio de um oceano imenso. Os primeiros homens que ali desembarcaram dependiam de auxílio externo para sobreviver. Recebiam alimentos e suprimentos, que eram enviados a eles regularmente. Mas começaram, gradualmente, a desenvolver seus próprios recursos, plantando e colhendo, empenhando-se num trabalho árduo e enfrentando dificuldades. Assim, eles foram se tornando menos dependentes da ajuda exterior para seu sustento. A transição, por vezes dolorosa, que acompanha o crescimento envolve o afastamento da dependência e a transição para a confiança no uso de nossos próprios recursos.

O desenvolvimento humano implica o afastamento gradual da posição de criança dependente, cuja necessidade é ser amada, para a posição de adulto que quer e pode dar amor. Esse movimento ocorre durante toda a vida. Nesse percurso podemos ser magoados, magoar; podemos nos sentir incompreendidos; julgados, criticados; e podemos, ainda, conhecer o fracasso, a inquietação ou a rejeição. Mas nesse processo podemos aprender a superar alguns de nossos angustiantes temores.

Por outro lado, alguns indivíduos tentam, por desespero, escapar do sofrimento do crescimento, procurando atalhos e caminhos para contornar a luta. Eles imaginam que, em virtude de sua boa aparência, personalidade, posição social, *status*, relações, dinheiro, experiência ou idade, as coisas lhes deveriam vir sem nenhuma luta, disciplina, frustração ou sofrimento. Deveríamos lembrá-los de que reformas importantes raramente foram realizadas em um só dia; que pouquíssimos grandes homens descobriram todo o seu poder em uma única e brilhante realização e que poucas invenções funcionaram bem na primeira tentativa.

A lenta experimentação, os fracassos frequentes, as protelações, os obstáculos estão ao longo da estrada que leva ao sucesso, à realização e ao desenvolvimento humano. São esses incidentes que representam lembretes constantes de que construímos nossa personalidade através do enfrentamento de dificuldades ao longo de nosso ciclo de vida, para assumirmos maiores responsabilidades e obtermos privilégios.

⟹ **O que é importante para você neste momento?**

Atração interpessoal e amizade

Nossa rede social é constituída pelo conjunto de seres com quem interagimos de maneira regular, conversamos, trocamos sinais que nos tornam reais.

Quando nos referimos a uma série de experiências interpessoais, como simpatia, amizade, admiração, desejo e amor, estamos falando de *atração interpessoal*. Essa atração de uma pessoa por outra é influenciada por muitos fatores, como proximidade, atração física, similaridade e reciprocidade.

Embora hoje em dia a internet possibilite relacionamentos ocasionais a distância, a atração geralmente depende de as pessoas estarem nos mesmos lugares ao mesmo tempo, o que torna a proximidade um fator importante. As pessoas se conhecem e se sentem atraídas por outras que moram, trabalham, compram e se divertem nas vizinhanças. Quanto mais próximas as pessoas estiverem, maior será a probabilidade de elas se tornarem amigas. A atração física também é fator determinante da atração romântica para ambos os sexos. No domínio romântico, ser atraente fisicamente parece ser importante para as mulheres e para os homens. As pessoas também tendem a sentir uma atração maior por aquelas com estilos e gostos similares.

> A amizade se baseia na comunicação, no apoio mútuo, na compreensão, na reciprocidade, no carinho e na harmonia entre as pessoas.

O psicólogo Carl Rogers considerava que uma amizade sadia deveria ter quatro características: autenticidade, cordialidade, empatia e disposição de abertura para o outro.

A autenticidade envolve a capacidade de expressarmos claramente nosso modo de sentir, sem máscaras nem reservas. A cordialidade consiste na aceitação e consideração incondicional, sem exigir que os demais façam o que queremos. A empatia é nossa capacidade para compreender o que a outra pessoa está sentindo. Algumas vezes, é preciso que escutemos atentamente o que a outra pessoa diz; outras vezes, podemos perceber diretamente o que ela sente, sem a necessidade de palavras.

Nossa disponibilidade para compartilhar faz com que possamos ter mais amigos, com os quais poderemos ser totalmente sinceros, abrirmo-nos por completo sem temores e sem reservas, neles depositando a confiança e esperando a compreensão. Precisamos estar dispostos a dar sem reservas aquilo que esperamos dos outros.

▌▶ **Existem pessoas que aceitam e compreendem você?**

Viver pode ser mais fácil! • 23

O equilíbrio entre amor e ódio

Quase todos nós somos capazes de aceitar que os amigos não são perfeitos. Toleramos suas imperfeições com certo orgulho de nosso senso de realidade. Quando se trata do amor, porém, nos apegamos às ilusões, visões de como as coisas deveriam ser. Nesse caso, precisamos aprender a desistir de todos os tipos de expectativas que alimentamos desde a adolescência, quando nos apaixonamos por alguém que representava para nós a realização perfeita de todos os desejos humanos. A pessoa amada era idealizada, superestimada.

No entanto, é preciso lembrar que nem mesmo o relacionamento amoroso mais profundo pode evitar a ambivalência. Nem mesmo no casamento mais feliz podemos evitar certa porção de sentimentos hostis. Sentimentos de ódio.

O amor e o ódio, a atração e a repulsão, o afeto e a aversão não podem ser separados completamente. Ocorre que nós não fomos educados para esse aspecto da vida amorosa, apesar de vivermos todos os nossos relacionamentos, mesmo os mais ricos e felizes, sob o signo da ambivalência, que pode se constituir, muitas vezes, em fonte de variadas possibilidades de crescimento e troca existencial recíproca.

Quando nos apaixonamos procuramos inconscientemente afastar qualquer imagem que possa perturbar o estado ideal dessa paixão. Essa negação dos aspectos que nos perturbam ou aborrecem contribui posteriormente para acentuar as dificuldades da relação e corroê-la em sua própria base, pois o fato de estarmos cegos e nos recusarmos a enxergar o que nos desagrada nos conduz, com o passar do tempo, a uma situação de envolvimento autodestrutivo.

Quando casamos, levamos para o casamento nossos próprios problemas e limitações. E existe uma grande probabilidade de que as dificuldades pessoais se multipliquem, em vez de desaparecerem ou de se desvanecerem sob a luz que emana da nova felicidade alcançada. Isso ocorre porque, no casal, cada um tem a própria carga de problemas somada à do companheiro, resultando em uma soma de dificuldades.

O elo matrimonial suporta na maioria das vezes uma tensão cotidiana de insultos e transgressões, comportamentos aos quais nenhum outro relacionamento humano poderia ser exposto sem ser lesado. Mesmo uma pessoa sem nenhuma hostilidade, agressão ou intenção de ferir pode, apenas através da expressão da sua existência, ser prejudicial para outra.

Às vezes, o elo entre marido e mulher é resistente, mais forte do que qualquer dano que possam causar um ao outro. Mas também é verdade é que nenhum casal de adultos consegue provocar mais dano um ao outro do que marido e mulher.

A expectativa da felicidade perfeita e duradoura encontra-se mais profundamente arraigada naqueles que não foram capazes de viver uma vida plena fora do casamento. Ela persiste mesmo quando o indivíduo se dá conta de jamais ter encontrado alguém em tal estado de felicidade permanente. Esse estado existe, alimentando uma ilusão, em alguns romances, filmes e novelas, mas ninguém pode afirmar que conhece a

> Aspirar à felicidade pode significar dar corpo a um impulso vital e positivo, mas pensar que se pode alcançá-la de maneira permanente é uma coisa completamente diferente.

pessoa que possui a fórmula da felicidade. Essa felicidade, aliás, transformou-se hoje numa modalidade social, que nos é proposta e imposta sem descanso das mais variadas formas. Fixar para nós mesmos o objetivo de sermos felizes a qualquer custo é um paradoxo que colide com toda e qualquer consideração sensata da realidade.

Quando chegamos a um ponto em que o casamento deixa de ser uma fonte contínua de pleno prazer e satisfação imediata de nossas próprias exigências, e quando aparecem, inesperados, os primeiros obstáculos, nos vemos desiludidos. Se a união estiver fundamentada em fatores externos, sem a mínima coesão interna, ela terá consideráveis dificuldades em sobreviver. Outras pessoas, ao contrário, intensamente apaixonadas, ansiosas por viver uma união mais completa, mas temerosas de ver mudar seu estado de paixão ideal, desejosas de compartilhar até a menor das experiências, acabam ficando o tempo todo juntas. A liberdade interior, necessária a qualquer equilíbrio pessoal, começa a sofrer com isso. Surgem os primeiros rancores e as primeiras inquietações.

De qualquer maneira, quando percebemos as mudanças que ocorreram e as situações absurdas que se criaram, a separação torna-se muitas vezes inevitável. Às vezes, na primeira crise, o casal pensa imediatamente em se separar.

O casamento comum, normal, médio, é um relacionamento inerentemente carregado de conflito e de tensão, cujo sucesso exige um esforço para buscar "o perfeito equilíbrio entre amor e ódio".

⟶ Felizes ou infelizes para sempre?
⟶ O que fazer quando o relacionamento só nos traz infelicidade?

Até que a morte os separe?

O casamento é uma instituição social em que duas pessoas se comprometem com um relacionamento socialmente aceito no qual o intercurso sexual é legitimado e há responsabilidade legal reconhecida por quaisquer descendentes, bem como um pelo outro.

Ainda hoje o casamento legal ocorre em poucos minutos, na presença de algumas testemunhas, ligando profundamente a vida das pessoas para o que der e vier. Isso acontece porque o casamento não nasce apenas do amor romântico e da estima recíproca, testada durante meses, mas também porque constitui um ato público que simboliza profundamente um acontecimento pessoal. Cada um dos cônjuges se afasta ainda mais da sua família de origem, para se tornar também membro de outra, assim como para criar uma terceira. Além disso, a sociedade reconhece formalmente essa mudança. Assim, para além da ligação pessoal de um com o outro e dos sentimentos de consciência e de responsabilidade que isso implica, forças externas muito poderosas atuam para que o casal se sinta rodeado de expectativas e ideias preconcebidas de que o casamento se manterá até que a morte os separe.

O *divórcio* no Brasil foi legalizado no final da década de 1970. Antes disso havia o *desquite*, a dissolução da sociedade conjugal, pela qual se separavam os cônjuges e seus bens, sem o rompimento formal do casamento. Normalmente a culpa pela separação era atribuída principalmente a um dos cônjuges. Entre as causas de desquites estavam registrados abandonos do teto matrimonial, adultérios, alcoolismo, brutalidades e violências físicas, enquanto as separações amigáveis eram raríssimas. Na maioria dos casos, principalmente entre as mulheres, a alternativa para a separação, considerada um remédio extremo para um mal irremediável, era aguentar passivamente uma situação intolerável na vida conjugal. Isso ocorria porque muitas mulheres tinham filhos, não tinham para onde ir e não possuíam uma formação profissional que lhes proporcionasse uma independência financeira.

Além disso, a condição de separado era fortemente condenada tanto pela Igreja quanto pela sociedade (uma pessoa separada, principalmente uma mulher, era sempre estigmatizada, rotulada como promíscua, pouco confiável e desonrada). Uma pessoa separada não tinha reais possibilidades de construir com serenidade uma nova vida afetiva que fosse legalmente reconhecida.

Hoje em dia, depois da instituição do divórcio, a separação conjugal é amplamente aceita em todos os níveis, as motivações tendem a ser mais articuladas e as separações amigáveis mais frequentes. Ocorre, então, que o fim de um casamento é mais aceito e a separação passa a ser a solução de um problema, em vez do ato final de uma tragédia.

As razões que hoje em dia são alegadas para obter a separação amigável enquadram-se, na maioria dos casos, na categoria da incompatibilidade dos cônjuges. Podem ser considerados suficientes para justificar o rompimento do vínculo matrimonial os seguintes fatores: a perda da intensidade e do calor afetivos, a insatisfação sexual, a progressiva falta de prazer de estar juntos e a perda gradual da capacidade de comunicação.

Pode acontecer também que a inexperiência resultante da juventude e imaturidade do casal provoque surpresas desagradáveis no curso de sua vida em comum: eles percebem que têm personalidades profundamente diferentes, com divergências de interesses e de opiniões também na escolha das atividades e das amizades. Com o passar do tempo, crescem e amadurecem de modo distinto e não paralelo, sobretudo porque o caráter e os desejos de cada um se desenvolvem em direções opostas. E, então, se não existe mais um acordo, qualquer acontecimento, mesmo irrelevante, pode vir a ser motivo de briga. Para complicar, interações neuróticas podem potencializar as divergências e criar a incapacidade (ou falta de vontade) de chegar a um acordo.

Quando a consciência da situação crítica se aguça, o casal questiona o sentido de prolongar o relacionamento conjugal em bases tão frágeis. Geralmente, a preocupação com os filhos, que são os primeiros a se ressentir de uma união que não deu certo, retarda uma decisão definitiva. Porém, é fácil, ao final das contas, perceber que viver em um clima de tensão e de incompreensão, em que a discussão aberta ou implícita está na ordem do dia, os prejudica mais do que uma separação.

Além disso, os cânones morais, as regras gerais que antes induziam a um comportamento regulado segundo esquemas fixos e precisos perderam sua rigidez. O novo direito familiar, que iguala os deveres e direitos dos cônjuges, e o próprio movimento pela emancipação da mulher em todos os campos contribuíram muito para a crise de valores tradicionais, provocando certo desequilíbrio dos modelos estabelecidos.

Hoje vivemos um momento em que começar uma vida matrimonial não significa ter de percorrer um caminho previamente traçado, de forma rígida e solene pela tradição. É importante ter liberdade para percorrer caminhos nos quais cada um busque novos equilíbrios e novas maneiras de ser.

A condenação unânime que recaía sobre as pessoas separadas está praticamente superada.

Caíram por terra as barreiras legais e sociais que se erguiam diante de todos, impedindo uma revisão crítica de opções passadas. Isso significa que agora é possível errar – e ter errado não significa mais precisar jogar fora a própria vida.

⇒ **E você? Como se posiciona diante do matrimônio?**

As crises na vida adulta

Para nós, seres humanos, a família é o principal grupo social de pertinência, e é em seu interior que se estabelecem relações pessoais intensas e recíprocas, que vão conferir a seus membros uma consciência de identidade, tanto individual quanto de grupo.

Nós atravessamos, ao largo de nossa existência, uma série de crises inevitáveis e até mesmo desejáveis. Crises que nos levam a mudar, que podemos até mesmo viver como um drama, mas que resultam necessárias porque nos ajudam a crescer. Os chineses, com sua milenar sabedoria, atribuem ao termo "crise" o duplo significado de "perigo" e "oportunidade". Também para os gregos o termo original para crise não tem só o significado de desestabilização, mas também de crescimento e de "um passo adiante".

Nessa perspectiva, podemos também olhar o universo da família, onde encontraremos essas crises. Algumas pessoais, causadas pelo desenvolvimento insatisfatório dos sonhos da juventude, pela tomada de consciência de nossas próprias limitações, ou simplesmente pelo envelhecimento. E outras crises de desenvolvimento que são universais e por isso são previsíveis: mudanças estruturais no ciclo da vida, crises de identidade, outras como a crise do casamento, enfraquecido pela rotina do cotidiano, pela perda de romantismo entre o casal, a infidelidade, o esfriamento da sexualidade na vida adulta, o divórcio. Ou ainda a aceitação da sexualidade do(a) filho(a) adolescente, a ruptura das expectativas de sucesso profissional, o envelhecimento, e assim por diante.

Nesses períodos de crise, o sistema familiar se desestabiliza, surgindo a necessidade de mudanças profundas, uma vez que valores, metas, expectativas e papéis são afetados. Reavivam-se os conflitos passados, constatando-se que a insatisfação, a angústia e a hostilidade podem ser muito elevadas e criar sérias dificuldades, principalmente em função da tentativa de bloquear a crise. Seria mais adequado nos adaptarmos a ela, aceitando a perda para a qual há que assumir novas tarefas e papéis.

O impacto de uma crise sofre também a influência do significado que o meio lhe dá. A infidelidade, por exemplo, é uma crise familiar que tende a ser percebida socialmente como um drama, enquanto as crises de reencontro do casal são vistas mais positivamente.

> Tudo o que nos acontece – formaturas, casamento, filhos, divórcio, um emprego conseguido ou perdido – nos afeta. Tais acontecimentos são os fatos concretos de nossa vida.

A cada mudança de um estágio de desenvolvimento para outro temos de modificar nossa estrutura de proteção. Ficamos expostos e vulneráveis, mas também ativos novamente, capazes de nos olharmos e compreendermos de modo antes ignorado. Essas mudanças podem durar alguns anos, mas ao superarmos cada uma delas iniciamos um período mais prolongado e estável, no qual temos uma sensação de reconquista do equilíbrio.

Muitas vezes nós vivemos as crises como sendo algo que só acontece conosco e acabamos infelizes, nos abandonando na solidão. Não percebemos que conhecer suas características facilita o enfrentamento, deixando-as menos dramáticas. Especialmente nas crises de desenvolvimento, um bom princípio de solução pode ser partilhar a vivência e as preocupações com outras pessoas, contar o problema e escutar suas sugestões, ou então buscar ajuda especializada.

⇒ Para você, as crises são uma oportunidade de crescimento na vida?

⇒ Procure lembrar algum exemplo de situação crítica que se mostrou uma possibilidade de melhoria de vida.

As paixões

O que são as paixões? A maioria dos psicólogos as considera como sentimentos ou convicções intensas, fortes ou irresistíveis, que não procedem da vontade e que são vividas com passividade, sobrepondo-se à lucidez e à razão.

As paixões se distinguem das demais emoções e sentimentos por terem maior intensidade que estes, e porque têm uma duração mais longa, dando-nos a sensação de sermos dirigidos e dominados por elas, como se *estivéssemos sendo arrastados contra nossa vontade*.

O amor ardente, o ódio, a vingança, bem como uma arrebatadora preferência ou devoção a uma atividade, objeto, conceito ou crença, podem ter caráter passional quando se manifestam em tal intensidade que escapa ao controle da vontade. Apaixonados, ficamos cegos, abandonamo-nos às inclinações da vida afetiva, deixando de lado a sensatez e os conteúdos racionais de nosso comportamento: *o coração impera sobre a razão, para o bem e para o mal*.

Do mesmo modo que outros processos afetivos, as paixões podem produzir mudanças psicológicas quando as experimentamos. Sofremos uma espécie de *deformação* em nossas ideias, de modo que supervalorizamos todos aqueles conteúdos que estão de acordo com a paixão, enquanto eliminamos automaticamente ou ficamos indiferentes àqueles que estão em desacordo com ela. Desse modo, podemos justificar para nós mesmos os comportamentos passionais mais estranhos. Também costumam se manifestar alguns mecanismos psicológicos, como a deformação das percepções. Por exemplo, quando queremos muito uma pessoa, podemos vê-la mais bonita do que ela realmente é. Nós idealizamos o objeto amado.

Quando estamos apaixonados, são frequentes os mecanismos psicológicos de projeção, mediante os quais atribuímos a outras pessoas sentimentos ou tendências nossas e que essas pessoas não possuem. Por exemplo, quando apaixonados, podemos fazer uma leitura equivocada dos gestos da pessoa querida, considerando como provas de amor comportamentos comuns, sem nenhum significado para ela.

Algumas pessoas ficam mais apaixonadas que outras; quer dizer, estão mais submetidas que a maioria à influência das paixões. São aquelas para as quais a vida afetiva mantém certa supremacia sobre os conteúdos mais racionais, e que atuam mais em função de seus sentimentos e tendências do que de sua forma de pensar. Essas pessoas costumam ser impulsivas e sensíveis, muitas vezes imersas em conflitos psicológicos provenientes da discrepância entre sua forma de pensar e seu modo de atuar ou se comportar.

Finalmente, é importante ressaltar que sob a influência das paixões se produz certa perda da liberdade, uma vez que podemos chegar a desenvolver condutas em sentido contrário àquela trajetória de vida que havíamos traçado. Não é fácil lutar contra determinadas paixões, mesmo quando sabemos que podemos nos prejudicar ao segui-las.

⮕ **Por que será que isso acontece quando você se apaixona?**

JACEK DUDZINSKI/SHUTTERSTOCK

A capacidade de ter segurança em si mesmo

O que significa dizer que uma pessoa é *assertiva*?

Costumamos dizer que uma pessoa é assertiva quando ela é capaz de assegurar com firmeza e decisão aquilo que diz e faz. A assertividade pode ser equiparada à autoafirmação e à segurança em si mesma.

O indivíduo assertivo tem uma consciência clara de quais são seus direitos, os faz valer e não permite que sejam violados. Por outro lado, o indivíduo pouco ou nada assertivo não tem muito claro onde terminam seus direitos e onde começam os do próximo e, por isso, cede terreno e se deixa manipular pelos demais. Não confiando em suas próprias forças, ele geralmente não luta, sente-se derrotado por antecipação, foge das discussões convencido de seu fracasso, sentindo-se débil ante os outros. Tende a estancar-se, impedindo seu progresso na vida por temor ao risco que implica uma mudança e chega a acomodar-se às situações mais incômodas para não se expor.

No trabalho, pessoas pouco assertivas costumam, em geral, ser exploradas por chefes e companheiros, assumindo tarefas e obrigações que não lhes concernem. Tudo isso por medo de enfrentá-los, reivindicando o mínimo que seja. No terreno afetivo costumam ser vítimas de chantagens contínuas. Seu maior medo é não serem queridas e, na ilusão de manterem o afeto alheio, se deixam manipular com grande facilidade.

A *assertividade* ou *autoafirmação* é um processo de aprendizado que se inicia na infância: a criança recebe a segurança por intermédio de seus pais ou protetores. São eles que decidem o que ela deve ou não fazer, delimitando seus direitos e suas obrigações e, ao mesmo tempo, protegendo-a dos perigos externos. Quando educada adequadamente, a criança aprende a renunciar a alguns de seus desejos, percebendo que nem tudo no mundo lhe pertence e que deve respeitar os outros. Aprende também a estimar e a defender o que é seu como algo merecido. Ela poderá então ser preparada para tomar decisões próprias e ser consequente em seus atos.

Uma educação repressiva, que não lhe proporcione oportunidades, faz a criança crescer em um clima de medos e indecisões, podendo converter-se em um adulto ancorado na infância, que necessita constantemente de um protetor para resolver seus problemas e que acaba anulando seus próprios direitos, em virtude de não exercê-los.

A superproteção da criança é prejudicial, pois é preciso que ela aprenda com seus erros para corrigir sua conduta e possa perceber os perigos que a cercam por experiência própria. Isso com uma adequada supervisão de seus educadores, para que tal experiência não seja excessivamente perigosa.

O desenvolvimento da assertividade começa na convivência no seio familiar e se prolonga durante os anos escolares, nos quais a criança deve aprender a defender seus direitos ante os companheiros e amigos. Isso lhe permitirá chegar firme à adolescência, habilitada a impor sua personalidade quando for necessário. Caso contrário, adotará frequentemente alguma postura negativa, como isolamento social, convertendo-se em um ser solitário e incapaz de relacionar-se com os outros por puro medo ou buscará refúgio no grupo, perdendo sua identidade e critérios próprios dentro do "rebanho".

➡ **O que você faz quando quer alcançar um objetivo?**

A travessia da crise da meia-idade

A crise da meia-idade é vista como um período de sofrimento psicológico que ocorre em alguns indivíduos entre os anos intermediários da idade adulta, aproximadamente dos 45 aos 60 anos. As causas podem incluir eventos de vida significativos, bem como problemas e preocupações com saúde e profissão. De qualquer forma, todo período de crise também comporta novas oportunidades.

Sobre as pessoas nessa fase gravitam tomadas de decisão e recolocações no plano profissional. No familiar, delas dependem muitas vezes pais idosos, sogros, filhos em via de escolher profissão e parceiros. Elas mesmas podem ter problemas no relacionamento conjugal. Além disso, o corpo não é mais o mesmo: aparecem os primeiros problemas de saúde, e é preciso lidar com dificuldades nessa área.

É um momento em que são necessárias novas adaptações no domínio profissional e também no familiar. Ocorrem as desilusões e as colocações realistas. O jovem – que outrora "prometia muito" – agora é um veterano que precisa responder a exigências mutáveis para as quais não foi treinado. Na vida de família, agora precisa conviver com as dificuldades dos pais e dos sogros, muitas vezes tendo de cuidar da saúde frágil, corporal e mental dessas pessoas. No outro extremo, enfrenta também as ansiedades dos filhos, que agora se dispõem a criar uma nova família e a romper o vínculo de origem.

Com a saída dos filhos, a casa fica vazia, exceto nos fins de semana quando fica cheia de netos. O ninho vazio é uma marca da existência do homem e da mulher de meia-idade. Com menos contato com outros, se concentram na relação deles dois, cara a cara. É um momento crítico, em que cada um pode buscar novos interesses profissionais de forma individual e distanciar-se afetivamente.

Depois que criaram os filhos, os pais de meia-idade esperam desfrutar as seguranças e os resultados de uma vida dedicada ao trabalho. Não é nada raro que se angustiem ante os sinais precoces de cansaço do corpo e do ânimo: rugas, operações cirúrgicas, desilusões, incompreensão e solidão. Tudo isso junto, unido à monotonia e a um sentimento difuso, mas persistente, de desencanto, pode converter o casal de meia-idade em pessoas frustradas, hóspedes de consultas de médicos de distintas especialidades. Irão se queixar de estresse, dores na coluna vertebral, inapetência, insônia, dores de cabeça ou depressão.

É preciso evitar o pânico irracional ante o envelhecimento, cujas fobias se põem diante dos olhos, por antecipação. Uma etapa que a maioria das pessoas pode superar por si mesma, abrindo novos horizontes e desenvolvendo criativamente a personalidade por meio de projetos pessoais que preencham a vida com mais consciência, vibração e energia.

➡ **E agora? O que eu quero fazer da minha vida? Você já se perguntou isso?**

E foram felizes para sempre...

Muitos jovens chegam à situação matrimonial com determinadas ilusões. A palavra "ilusão" é muitas vezes usada em sentido pejorativo, como uma coisa da qual devemos nos livrar, se suspeitamos que a temos. As ilusões da juventude, todavia, podem ser essenciais para as nossas primeiras ligações e comprometimentos, mantendo-nos neles até que consigamos ganhar alguma experiência de vida. E, ao longo do tempo, na vida do jovem casal, a tarefa será harmonizar essas expectativas com as experiências que a realidade impõe. Isso não é fácil na maioria das vezes. Alguns casais resolvem essas questões por conta própria; outros necessitam de ajuda especializada. Na atualidade, os matrimônios necessitam cada vez mais desse tipo de ajuda, talvez pela complexidade da vida moderna.

Os números variam de um lugar a outro, mas o fato é que no mundo ocidental, nas classes médias, muitos matrimônios terminam em divórcio, separação, ou alguma forma de ruptura. Isso sem contar aquela porção de situações de sofrimento silencioso em que não há separação e as aparências são preservadas.

Por outro lado, há pessoas que se defendem enquanto podem e mantêm

> A grande dificuldade que vários casais enfrentam é resolver suas diferenças sem ruptura do vínculo matrimonial.

sua solteirice, apesar das pressões de familiares e amigos. É como se existisse uma espécie de medo do casamento, tão intenso quanto o medo de permanecer solteiro. As razões da escolha de um parceiro permanecem em boa medida ignoradas pelos próprios noivos, uma vez que os segredos de sua atração mútua têm a ver com atração física, costumes sociais, inclinações pessoais e até com complexos subconscientes.

O medo de casar-se é um medo da relação de casal, que pode ter dois aspectos: temor da sexualidade e temor da dependência (muitas vezes se fala em jugo matrimonial, comparando-se a situação de casado com a situação de um prisioneiro).

Desde que o romantismo substituiu os casamentos arranjados pelas famílias dos noivos, fortaleceu-se o mito de que as pessoas casam por amor. As forças reais que impulsionam os jovens para o casamento de modo geral se reduzem a uma das seguintes: necessidade de segurança, necessidade de preencher um vazio em si

mesmo, necessidade de sair de casa, necessidade de prestígio ou de resolver problemas práticos.

Se na escolha do parceiro não houve muitos motivos disparatados ou irracionais, se os cônjuges são aceitavelmente maduros e responsáveis, e gozam de boa saúde física e mental, então a probabilidade de uma união feliz e estável é alta. O matrimônio pode incrementar o bem-estar pessoal de cada um dos dois, enriquecer sua personalidade e ajudá-los a crescer e desenvolver suas possibilidades de uma maneira progressiva e adulta. Quando essas circunstâncias não estão presentes, as separações são quase inevitáveis.

As crises se apresentam em cada etapa do desenvolvimento da relação conjugal: durante a formação do casal; com a chegada, ou não, dos filhos; com a chegada da meia-idade; na velhice.

Os motivos fundamentais do desacordo conjugal podem residir na imaturidade de um ou de ambos os cônjuges, na falta de generosidade e excesso de egoísmo, na relação de excessiva dependência, na falta de laços suficientes (desinteresse, desamor, divergência progressiva). As situações de "triângulo" (o aparecimento de uma terceira pessoa na discórdia – filho, sogra, amante etc.) são uma ameaça grave para o casal, quando se produz uma estratégia inconsciente para compensar a infelicidade pessoal. Quando isso ocorre, é preciso procurar ajuda profissional.

> ➤ O que esperar de uma vida a dois?
> ➤ Quais são as expectativas que antecedem o casamento?

Ciúme

O ciúme é um sentimento que surge como consequência de um exagerado desejo de possuir algo ou alguém de forma exclusiva. Geralmente se refere ao desejo de posse da pessoa amada, entendendo como tal não só o parceiro ou o cônjuge. A conduta ciumenta também pode ocorrer em outras formas de amor, como na relação dos pais com os filhos e na amizade.

As crianças podem ter ciúmes de seus irmãos ou de outras crianças, na tentativa de conservar todo o afeto dos pais, de forma que seja dirigido exclusivamente para elas. Não desejam dividir o carinho dos pais porque pensam que estes irão lhes "querer menos", pois acreditam que o amor tem uma dimensão quantitativa e que se o dividirem com alguém obterão uma porção menor. A isso se pode adicionar a fantasia de que o carinho e a atenção dos pais vão se deslocando para os demais, e que eles acabarão gostando mais dos outros. É possível que algo similar suceda a um dos pais, que pode temer perder o carinho de seu filho caso ele demonstre afeto a outra criança. Outras vezes, simplesmente desejam, de forma mais ou menos inconsciente, todo o carinho do filho para si, sentindo ciúme, com medo de que seu filho queira mais ao outro genitor.

Também pode haver ciúme nas relações entre os pais e o genro ou a nora. Os ciúmes entre a sogra e a nora, sobretudo quando se trata de um filho único, são relativamente frequentes, como se nenhuma das duas quisesse dividir formas distintas de amor.

Durante a adolescência são frequentes os ciúmes entre amigos. É a época dos amigos íntimos, com os quais se pode compartilhar quase tudo. A chegada de uma nova amizade pode ser vivida como algo que põe em perigo as qualidades específicas dessa relação que não se deseja ampliar, nem compartilhar.

Contudo, os ciúmes mais comuns são os que ocorrem entre os amantes. Nesses casos, o desejo exagerado de posse e de exigência egocêntrica, própria de todas as formas de ciúmes, adiciona-se à exigência de uma fidelidade mais ou menos pactuada e o desprestígio social que pode surgir da infidelidade. Além disso, especialmente no caso dos homens, o objeto de amor, a mulher, pode ver-se deformado pela infidelidade, perdendo as características da idealização do objeto amado. Os mais inseguros podem pensar que por trás de uma relação amorosa com outra pessoa se pode perder o objeto amado, porque esta resulta mais atrativa em seu conjunto para seu parceiro, ou então que, por simples comparação, seu parceiro descubra o pouco que ele vale na realidade.

No amor conjugal é onde se dão as atitudes verdadeiramente ciumentas, já que se pode aliar o sentimento de ciúme a uma conduta de espionagem ou de vigilância do parceiro. No fim das contas, "ser ciumento" não significa outra coisa senão "vigiar", "ficar alerta". E essa situa-

ção de contínua desconfiança gera uma grande tensão emocional no ciumento e em seu parceiro, que se sente continuamente acossado, vigiado, interrogado, geralmente sem motivos.

Finalmente, hoje em dia, com o excessivo apego em nossa cultura aos bens materiais, uma pessoa pode vir a sentir ciúme de um objeto, como um automóvel, por exemplo. Nesse caso, ela não o empresta a ninguém, reservando-o exclusivamente para o próprio desfrute, por considerá-lo algo íntimo e pessoal, além do fato de pensar que outros poderão danificá-lo.

> A vida de um casal tem um dos grandes pilares na comunicação franca e sincera e na confiança mútua. Os ciúmes podem produzir uma grande deterioração na relação e acabar com ela.

➡ É possível manter a própria dignidade, ter respeito por si mesmo, sem ferir a liberdade do outro?

Ter equilíbrio entre pensar, sentir e agir

Quando verificamos nossos pensamentos, sentimentos e ações, e encontramos alguma área que não esteja funcionando tão bem quanto as outras, é sinal de que estamos em desequilíbrio, somos incongruentes.

Uma pessoa congruente vive em equilíbrio entre o *pensar*, o *sentir* e o *agir*. A congruência é uma característica básica das pessoas equilibradas: *o corpo, a mente e o sistema de valores* interagem. Na verdade, existe uma unidade entre o que pensamos, sentimos e fazemos.

Quando nos tornamos pessoas congruentes, praticamos aquilo que falamos. Rimos quando estamos alegres e felizes, abraçamos quando sentimos afeto, ficamos rubros quando estamos com raiva, pedimos um abraço quando estamos carentes. Mas também pensamos. Podemos pensar sobre as coisas da vida, o rumo que tomam e o contexto em que nos encontramos. Temos consciência do que sentimos e fazemos.

A *incongruência* é a característica dos pessimistas e derrotistas. Uma pessoa incongruente pode sentir amor e querer expressar tal afeição, mas ficará tensa e hesitante no momento de colocá-la em prática. Outra pessoa incongruente tem pensamentos idealistas e justos, mas fará de tudo para afastar sua filha do namorado pobre, por exemplo. Ou seja, tal ação está em desequilíbrio com o pensamento e o sentimento dessa pessoa.

Um homem, com sentimentos desequilibrados e disfuncionais, citava estatísticas de saúde pública para consolar um amigo com câncer. Ele deixava que sua ação fosse totalmente governada pelo pensamento e se esquecia de levar em conta seus sentimentos e os do amigo.

Uma mulher, com pensamento disfuncional, apaixonou-se loucamente por um homem sedutor, que lhe prometeu mundos e fundos, mas acabou sendo maltratada e abandonada. Ela permitiu que seus sentimentos governassem suas ações, sem que seu pensamento avaliasse a situação.

Uma garota sentiu-se muito só em uma festa e foi embora para casa, onde ficou pensando sobre o motivo de sentir-se só. Mas em lugar de tomar uma atitude a esse respeito, ocupou-se em trabalhar na cozinha, lavando louças e panelas. Suas ações encontravam-se em desequilíbrio com seus pensamentos e sentimentos.

Os graus de congruência e incongruência são aspectos importantes no plano psicológico da vida de cada pessoa. As pessoas saudáveis querem ser livres para escolher e determinar sua vida, em vez de existir como simples fantoches operados por demônios internos, ou por estímulos externos. Elas lutam por algo mais do que adaptação – elas querem crescer e desenvolver seu potencial.

> ➠ **Há congruência entre o que você sente, pensa e faz?**

Com medo de dizer não

Muitas vezes nos encontramos diante de situações que envolvem um dilema, em que devemos tomar uma decisão. Mas nem sempre somos capazes de decidir e fazer o que realmente desejamos, pois tomar decisões quando a situação envolve outras pessoas não é tão simples quanto parece, principalmente quando nos compromete emocionalmente, afetando nossos sentimentos. Às vezes, quando alguém nos pede algo que não nos agrada, um favor, por exemplo, nos vemos obrigados a concordar, mesmo que de má vontade, pois nos sentimos incapazes de *dizer não*.

Outras vezes, quando está em jogo a nossa própria segurança, o compromisso afetivo pode ser ainda maior. Nesse caso, não só somos incapazes de dizer não, mas até de nos rebelarmos contra algo que consideramos injusto, como, por exemplo, a exploração no trabalho.

Em ambos os casos o que está em jogo é o medo inconsciente da rejeição, de deixar de ser querido, até o ponto de nos induzir a uma vida neurótica, repleta de angústia e infelicidade.

Se considerarmos que não nascemos assim, que não viemos ao mundo equipados para sermos "bonzinhos", como é que as coisas chegaram a *esse ponto*?

Tudo isso é aprendido, de uma forma equivocada, desde a infância. Quando a mãe diz a seu filhinho: "Se você não fizer isso, a mamãe não vai mais gostar de você!", ela está, sem perceber, fazendo uma chantagem afetiva. No entendimento da criança, se ela não fizer o que a mãe lhe pede, ela deixará de ser querida e cairá no mais completo abandono. Depois, ela estenderá essa conclusão para os demais. Ela está aprendendo a ser "boazinha".

Quando um adolescente ouve de seu pai: "Com esse comportamento, você vai me matar de desgosto!", ele sofre não só com a ameaça de não ser querido, mas também com a possibilidade de culpa pela eventual morte de seu pai.

Na escola, um estudante pode se deparar com professores que castigam alunos que questionam seus critérios educativos; na educação religiosa, muitas vezes são impostas normas morais com altas cargas de culpa diante da falta de humildade; os patrões podem ameaçar com a possibilidade de demissão qualquer demanda por direitos; ou a ameaça de divórcio ou de abandono pode pairar sobre qualquer conflito familiar.

Quando tais situações se *repetem sistematicamente* durante os períodos de desenvolvimento de um indivíduo, elas podem resultar em uma aprendizagem condicionada, em que uma conduta aprendida se liga a um fator condicionante. Nesse caso, a negação de uma solicitação carrega implícita uma carga de culpa e medo, que afloram em determinado momento, bloqueando as decisões autônomas.

E, assim, muitas pessoas se movem, diariamente, dentro dessa armadilha. Quando devem decidir entre elas e as demais, ficam perdidas, se angustiam, confundindo humildade com sacrifício pessoal, favor com obrigação, e seus direitos com exigências alheias. Com frequência posam de mártires pela vida afora ou são presas fáceis de oportunistas e aproveitadores, que não hesitam em usá-las.

É preciso, então, *aprender a dizer não* quando sentem que é isso que verdadeiramente querem.

> ➠ O que aconteceria se você perdesse o afeto daquelas pessoas para as quais você diz "não"? Que diferença essa perda faria na sua vida?

Essa tal "qualidade de vida"

Antigamente, os interesses de todos eram dirigidos prioritariamente para conseguir alcançar o conforto e o progresso material. Melhorar na vida praticamente significava progresso. Porém, nas últimas décadas, cada vez mais pessoas começaram a se dar conta de que muitos sacrifícios não tinham sentido, uma vez que viam se deteriorar sua qualidade de vida.

De um ponto de vista psicológico, a qualidade de vida é o grau com que uma pessoa obtém satisfação na vida. Para uma boa qualidade de vida são importantes o bem-estar emocional, material e físico; o envolvimento em relações interpessoais satisfatórias; as oportunidades para o desenvolvimento pessoal; o exercício de seus direitos; e a capacidade de fazer escolhas de vida e participar na sociedade.

A qualidade de vida inclui também muitos fatores interdependentes: o conforto, as disponibilidades materiais, o tempo de trabalho, de lazer, o tempo para nos dedicar a nossos familiares, filhos, amigos, o desfrute da natureza, da cultura, da assistência sanitária, entre outros.

Muitas pessoas geram recursos econômicos importantes, mas carecem de tempo para desfrutar dos benefícios que lhes poderiam propiciar a boa utilização de tais recursos. Passam a vida acumulando bens materiais ou cargos de poder, mas não têm tempo para si mesmas, nem para interagir ou se dedicar a outras pessoas ou, ainda, para realizar atividades verdadeiramente satisfatórias. Dizemos então que essas pessoas têm uma qualidade de vida "escassa", apesar de terem condições de viver em conforto material pleno.

Portanto, a qualidade de vida constitui um ponto de equilíbrio entre o tempo e o esforço que dedicamos a uma atividade e os benefícios que podemos obter mediante o seu exercício. Qualquer excesso no que se refere a algum dos fatores citados anteriormente leva a um desequilíbrio que deteriorará antes ou depois nossa qualidade de vida por falta de meios econômicos, excesso de trabalho, estresse, falta ou excesso de tempo livre, falta de contato com a natureza, perda excessiva de tempo causada pelo transporte etc. Conseguir uma qualidade adequada de vida implica uma certa capacidade para nos organizar, valorizando friamente o que de fato desejamos; o que nos é realmente imprescindível e descartando as coisas de que verdadeiramente não necessitamos para nada.

Como consequência do que dissemos também está o equilíbrio que estabelecemos entre cuidar de nós mesmos e cuidar dos outros. O altruísmo e o comportamento não egoísta de nossa parte redundam em nosso próprio benefício, recompensando-nos de maneiras que não ficam necessariamente evidentes de imediato. Quando aumentamos nossa ligação com o ambiente em que vivemos, nossa sensação de que pertencemos a algum lugar passa a ser mais forte, evitando o isolamento e a solidão.

▸ **O que você considera importante para ter qualidade de vida?**

ARKA38/SHUTTERSTOCK

Em busca de relacionamentos afetivos

Às vezes buscamos um relacionamento afetivo tentando nos sentir completos e felizes, esperando obter algo que está fora de nós. E é inevitável que essa expectativa resulte em decepção, ressentimento, sofrimento e frustração, sentimentos que acompanham o processo de crescimento. Apesar disso, nos apegamos a alguns relacionamentos por insegurança emocional ou então passamos de um a outro, em busca da "metade da laranja" que ainda não encontramos.

Noutros tempos, a maioria das pessoas se apegava pela vida toda a um relacionamento que, embora fosse insatisfatório ou estivesse essencialmente morto, lhes proporcionava estabilidade material e emocional.

Atualmente, estamos compreendendo cada vez mais que é possível ter uma intimidade maior, uma vitalidade e uma paixão mais consistentes em um relacionamento afetivo. Queremos abandonar os velhos padrões e sair em busca desses novos ideais, mas não sabemos como encontrá-los. Continuamos olhando para fora de nós mesmos, certos de que, se encontrarmos o homem certo ou a mulher certa que cuide de nós, então seremos felizes; ou na expectativa de que nossos filhos ou nossos pais se comportem da maneira certa, o que nos fará sentir muito bem.

Estamos confusos, frustrados e nossos relacionamentos parecem caóticos, sem que possamos lançar mão das tradições antigas para nos apoiar, e nem há nada de novo para tomar o lugar delas. Mas não podemos recuar, é preciso avançar, enfrentar o desconhecido, para criar um novo nível de relacionamento.

Temos dificuldade de enxergar que os relacionamentos não estão fora de nós e que, na medida em que aprendermos a gostar de nós mesmos, estaremos prontos para receber o amor e a valorização que tanto desejamos. Nossa disposição de ter um contato maior com nossos próprios sentimentos criará um espaço para a intimidade com os outros. Isso permitirá que possamos nos divertir com qualquer pessoa com quem estejamos, porque quando nos sentimos à vontade com alguém significa que, de alguma forma, nossas vidas se tocam, são interdependentes. Sentir a animação e a força do universo fluindo através de nós criará uma vida de sentimentos e de realizações apaixonadas, que iremos compartilhar com quem estivermos envolvidos.

> **Se tivermos um compromisso para conosco e para com a verdade, atrairemos outros que tenham um compromisso semelhante.**

➡ **O que você procura em um relacionamento afetivo?**

Envelhecer e divertir-se

Uma coisa é certa: a maioria dos seres humanos foi concebida em um momento de profunda satisfação.

Quando éramos crianças, à medida que íamos crescendo, podíamos tirar proveito de tudo o que estava à mão, fosse uma latinha de sardinhas vazia, fossem alguns palitinhos e uns botões. As crianças possuem imaginação suficiente para transformar uma latinha em um carrinho, os palitos em eixos e os botões, em rodas. Enquanto simulam, elas deixam sair o que está dentro de si, alheias ao que os outros possam pensar ou sentir a respeito da suposta tolice de tal comportamento. Elas ainda estão "intactas", confiando em seus próprios recursos interiores. Podem fazer as coisas mais diversas e absurdas em um impulso súbito, não sentindo a menor compulsão de continuar a atividade além do momento em que esta cessa de lhes proporcionar prazer. Estão sempre prontas para uma nova aventura.

Quando nos tornamos adultos e abandonamos a infância, aprendemos que o trabalho deve ser mais importante do que a diversão, que qualquer coisa que mereça ser feita deve ser "bem-feita". E, em vez de sentirmos e desfrutarmos nosso divertimento, nos concentramos em aperfeiçoá-lo, contribuindo para aumentar nosso estresse. Tudo o que fazemos na vida parece ter um propósito, seja na escola, em casa ou no trabalho. Chegamos ao ponto de pensar que necessitamos de um propósito para a diversão. Até as férias precisam ser planejadas para serem um sucesso. Quantas vezes não nos colocamos tantas expectativas a ponto de viajarmos milhares de quilômetros e voltarmos insatisfeitos!

Nosso amadurecimento é uma tarefa árdua. Envelhecer em boa saúde, com dignidade e um sentimento de valor pessoal e social é ainda mais difícil. Para muitos parece impossível. Vivemos em uma época de mudanças muito rápidas. Então, se formos capazes de pensar como mudamos ao longo do tempo, poderemos apreciar e desenvolver nossa capacidade de mudança.

Entre os 40 e os 50 anos começamos a nos dar conta de que já vivemos aproximadamente metade da nossa vida e de que podemos olhar igualmente para trás e para a frente, questionando se estivemos construindo coisas realmente valiosas. Também tomamos consciência de que uma geração mais nova avança na vida e em breve ocupará nossos lugares. A partir de então, com o passar dos anos, enfrentamos o progressivo envelhecimento físico, quando nossas energias começam a declinar. Não podemos deixar de reconhecer no horizonte a inevitabilidade da morte.

Tal reconhecimento pode nos ajudar a reavaliar e valorizar a vida, estabelecendo um contato cada vez maior com nossos limites, para então aprimorá-los e transcendê-los. Com o envelhecimento podemos deixar de lado aquelas características infantis que havíamos mantido: o mau humor, a dependência e a irritabilidade. Mas não precisamos abandonar as características positivas, também típicas da infância, como a espontaneidade, a vontade de saber tudo e a curiosidade insaciável. Podemos nos permitir o resgate daquela habilidade que tínhamos na infância de desfrutar o presente, apreciar a diversão como um fim em si mesmo, sem um propósito específico, curtindo uma caminhada, contemplando o pôr do Sol, ou sonhando de olhos abertos. Porque, enquanto vivermos, poderemos nos divertir. E a maneira pela qual nos permitimos continuar a exercer essas atividades lúdicas é que determina o espírito com que envelhecemos.

▬▶ **Como você imagina que será sua vida quando chegar à terceira idade?**

Estar só

De vez em quando bate aquela vontade de estar só, de ficar isolado para colocar as ideias em ordem e tomar decisões importantes. Mas por que isso parece tão difícil? Talvez porque temos dificuldades de ficar sozinhos sem nos sentirmos solitários.

No entanto, a capacidade de distinguir entre essas duas realidades é a base sobre a qual podemos assumir a responsabilidade por nossa vida.

As tradições mais antigas têm reconhecido há muito tempo a necessidade de o homem desenvolver a capacidade de estar só. Em todas elas encontramos exemplos de personagens históricos e míticos que sentiram a necessidade de se isolar e meditar, antes de enfrentar seus grandes desafios. Tanto no Ocidente como no Oriente, existe uma longa tradição de meditação, que foi deixada de lado e largamente esquecida pela sociedade contemporânea.

De todas as situações humanas, estar só é, talvez, aquela considerada como uma das mais assustadoras, principalmente quando temos dificuldades de confrontar nosso próprio "eu". Podemos nos considerar a mais tediosa das pessoas.

Não é raro sentir medo de ficar só, o que nada tem de surpreendente. Por quê? Porque então tudo o que temos é a nós mesmos. Isso pode significar ter de enfrentar sentimentos desagradáveis de culpa, raiva, medo, descontentamento, impotência e desamparo. Se estivermos fugindo desses nossos sentimentos, a perspectiva de ficar só será mal acolhida, e talvez até temida.

É verdade que precisamos de um companheiro ou amigo de confiança, alguém para poder partilhar amor, mas a intimidade deve ser contrabalançada pelo estar só.

As opções e decisões que tomamos nos momentos em que estamos sós são nossas – e exclusivamente nossas. Recorremos a nossos próprios recursos interiores e tomamos decisões que somente nós podemos tomar. Com isso, passamos a confiar cada vez mais em nós mesmos.

A maturidade parece comportar não só a responsabilidade, mas também a reflexividade desapaixonada acerca de problemas com os quais se está emocionalmente envolvido. A capacidade de estar só é necessária à sensatez: ser capaz de olhar para trás, para o curso da vida desde o nascimento, poder detectar um fluxo e um refluxo constante entre o contato íntimo com outras pessoas, por um lado, e um pensamento e ação isolado, e mesmo solitários, por outro.

> **Parece que o *nosso desenvolvimento só pode se dar por meio de um intercâmbio entre a sociabilidade e a capacidade de estarmos sós.***

▥▶ **E se você se permitisse estar com você, durante um curto período, todos os dias, o que você faria?**

Estilos de vida

A difusão da cultura e da informação, através dos meios de comunicação e internet, torna possível que um número maior de pessoas, de várias camadas sociais, tenha um amplo panorama de diversas formas e estilos de vida.

Em muitos países, as normas para estilos de vida socialmente aceitáveis estão mais elásticas do que eram durante a primeira metade do século XX. Levar uma existência fora do âmbito familiar já não é mais inconcebível como outrora, quando quem não se casava era simplesmente considerado incapaz de encontrar um companheiro. A mulher solteira era rotulada de "solteirona encalhada" e o homem solteiro era visto como um "devasso incorrigível". Sobre ambos, embora com pesos diferentes, pendia o juízo severo da sociedade. Hoje quem não é casado se vê cada vez menos obrigado a justificar sua "diversidade".

Nestes últimos anos, a maneira de proceder na vida particular mudou radicalmente. Há aqueles que optam por se casar, os que apenas coabitam e os que preferem ficar sozinhos. Muitas pessoas se casam mais tarde – quando se casam; mais filhos são concebidos fora do casamento e mais casamentos são rompidos. Algumas optam por permanecer solteiras, outras por viver com um parceiro do mesmo sexo, ou divorciar-se e casar novamente, ou então constituir uma família monoparental (ser pai solteiro ou mãe solteira). Há ainda indivíduos que decidem permanecer sem ter filhos. Essas opções podem modificar-se durante a idade adulta. Dessa forma, a criatividade e a fantasia aplicadas ao viver foram ampliadas. Diferentemente das experimentações adolescentes, são opções de vida amadurecidas individualmente e oriundas de necessidades que, uma vez reconhecidas, foram levadas em consideração e satisfeitas.

A busca pela realização pessoal conquistou diversos campos de ação, entre os quais hoje figuram, também para a mulher, a carreira profissional e uma vida afetiva e sentimental liberta do vínculo matrimonial.

Viver com criatividade: fazer com que o presente não seja uma repetição obrigatória do passado. Isso depende em grande parte dos relacionamentos interpessoais.

Para viver o presente com plenitude é necessário reconhecer com confiança a interdependência que se estabelece entre as pessoas e aceitar sem receios tanto a dependência funcional (coabitação, relações de trabalho, relações familiares etc.) quanto a dependência afetiva (o desejo e a troca de amor, afeto e atenção). Uma vez alcançado um bom grau de autonomia e maturidade emocional, pode-se viver sem ansiedade quaisquer tipos de relações, sem correr o risco de ser por elas dominado.

> **Saber viver com criatividade é o fundamento sobre o qual deveria se firmar cada passo dado na nova direção de nossa vida.**

⇒ Você vive intensamente cada momento ou na maior parte do tempo "deixa a vida lhe levar"?

⇒ Quão importante para você é saber da vida dos outros? O que aconteceria se você não mais se preocupasse com o modo como as pessoas levam a vida?

Você age ou reage?

Você exprime seus sentimentos e ressentimentos no momento em que as coisas acontecem ou os vai guardando para, de repente, descarregá-los?

Muitas vezes escondemos das outras pessoas certas coisas que sentimos, pensamos e fantasiamos. Sabemos de tudo o que se passa dentro de nós: imagens que cruzam rapidamente nossa mente, calafrios no estômago, respostas preparadas para alguém com quem estamos conversando, vontade de chorar. Mas sempre damos um jeito de esconder dos

outros esses nossos sentimentos. Mesmo sabendo o que se passa dentro de nós, ainda assim disfarçamos.

Todos nós sentimos algum tipo de medo, de alegria, de tristeza, de frustração, de ódio, de gratidão e de satisfação na vida. O modo como lidamos com essas emoções depende, por um lado, do condicionamento cultural e, por outro, da vontade de valorizá-las e de assumir a responsabilidade por elas.

Quando tentamos reprimir as emoções negativas e expressamos só as positivas, descobrimos que não podemos sufocar apenas alguns sentimentos sem deixar de fazer isso com outros. Nossa saúde emocional depende de conseguirmos vivenciar todos os sentimentos, o que significa reconhecer as emoções e levá-las em consideração ao fazermos escolhas e tomarmos decisões.

A saúde emocional não significa sentir apenas emoções positivas, mas sim não ter medo de experimentar toda uma gama de emoções e sermos capazes de agir sobre elas adequadamente, sem nos sentirmos dominados. Isso implica também uma capacidade para a intimidade profunda e para os relacionamentos pessoais satisfatórios.

Quando assumimos a responsabilidade por nossa saúde emocional, estamos dispostos a sentir profundamente, mesmo que tenha-

mos medo de fazê-lo. Pode ser mais fácil reconhecer nossos sentimentos quando nos sentimos amados e protegidos por outra pessoa. Um relacionamento terapêutico pode proporcionar um ambiente seguro e capaz de curar, em que uma pessoa que esteja passando por dificuldades emocionais pode experimentar de novo sentimentos dolorosos que foram reprimidos no passado e aprender a exprimir sentimentos reais no presente.

Quando uma capacidade natural para o livre intercâmbio de sentimentos é redescoberta, nossa saúde emocional pode ser restabelecida. Ela se caracteriza também pela capacidade de dar e de receber amor, de sabermos perdoar a nós mesmos e aos outros, de confiarmos e de afirmarmos não só a intimidade como também nossa autonomia nos relacionamentos.

Precisamos aprender a reconhecer e a distinguir os sentimentos e a comunicá-los quando vierem à luz, exprimindo-os inteiramente quando se referirem a uma pessoa com a qual tenhamos um relacionamento íntimo.

Para superar sentimentos negativos podemos também ativar nossa capacidade de criar fantasias. Podemos, por exemplo, imaginar o que gostaríamos de ter ouvido, fantasiando com exagero a reação que esperamos da outra pessoa. Esse exagero pode ajudar a dar uma nova perspectiva ao problema.

> ➡ Como você enfrenta seus problemas? Consegue conversar sobre eles com outras pessoas ou procura isolar-se em busca de uma solução?

Pequenos grandes gestos

Somos delicados cumprimentando as pessoas?

Sabemos elogiar a roupa bonita de alguém, um penteado ou um êxito profissional?

Costumamos agradecer quando alguém faz o que pedimos?

Levantamo-nos para facilitar a passagem do outro?

Sabemos pedir desculpas quando percebemos que ofendemos?

Sabemos dizer a verdade sem sermos grosseiros?

Costumamos pagar grosserias com grosserias, contribuindo para que haja duas grosserias em vez de uma?

Falando com os colegas, quando nervosos, costumamos gritar? ofender as pessoas?

Será que passamos dias sem esboçar um sorriso?

Talvez seja difícil responder a essas e outras questões aparentemente tão simples. Em um mundo em que somos estimulados a adotar um estilo de vida frenético, altamente competitivo, entrando na arena das disputas em busca de prêmios e glórias, praticamente não temos tempo para essas reflexões. Na verdade, não nos permitimos isso.

No trabalho, deixamos de lado a meta de criar um produto de boa qualidade, ou de prestar um serviço útil, para nos envolver na corrida por um desempenho melhor do que o de outras pessoas.

Embora a competição sempre tenha existido na vida dos seres humanos, ela se tornou mais acentuada nos últimos tempos. O ritmo de vida se acelerou, com uma enorme pressão sobre todos nós, intensificando-a. As pessoas sentem a necessidade de superar aqueles que estão a sua volta, seja para manter seu padrão de vida ou mesmo sua autoestima.

As atitudes competitivas são cultivadas e recompensadas em todos os setores. Uma aura de competição envolve os relacionamentos entre as pessoas em todos os ambientes. Poucos aspectos da nossa vida deixam de ser afetados pelo desejo de competir e ganhar. Desejamos ser melhores do que os outros em todos os lugares, até mesmo nas atividades de lazer. Almejamos casas maravilhosas, carros potentes, corpos mais bonitos e saudáveis, parceiros mais atraentes e filhos mais espertos do que os dos nossos amigos. Parece que isso nos dá um falso senso de importância pessoal, ressaltando sentimentos de independência e autossuficiência. Empenhamo-nos em ser os mais atraentes, os mais inteligentes, ou os mais fortes. Só que nos esquecemos de conviver melhor com nossos semelhantes.

> **Todos queremos nos destacar, realizar algo de espetacular, buscar o máximo ou o melhor que a vida possa nos oferecer.**

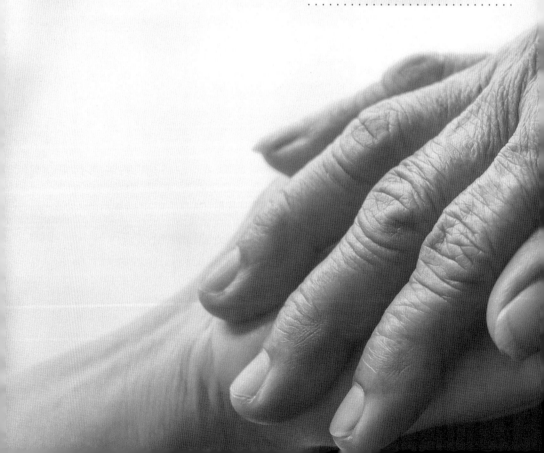

O apego à ideia de ganhar, além de acender nossos instintos mais agressivos, pode nos levar a perder contato com nossa sensibilidade em relação aos outros. Porque quando cumprimentamos, dizemos "olá" para uma pessoa, também estamos dizendo que reconhecemos sua existência. Da mesma forma quando a tratamos com amabilidade, gentileza e atenção.

Mas isso requer um afastamento da postura competitiva autocentrada. Há inúmeros exemplos de pessoas cujo ímpeto de sobrepujar os outros deixa atrás de si um rastro de ressentimentos – pessoas para quem as regras do jogo parecem justificar quaisquer meios de se passar adiante. Dispostas a viver em um clima de mágoas e desconfiança, elas arriscam qualquer coisa a fim de serem bem-sucedidas no presente, confiantes de que poderão lidar com o que venha a surgir no futuro. Essas não são capazes de dar sequer um "bom-dia".

> ➡ **Por que temos dificuldades em sermos gentis? O que nos impede?**

Identidade e envelhecimento

Na sociedade contemporânea, em que ser jovem e manter a juventude é quase uma obsessão, muitas pessoas enfrentam dificuldade para encarar a simples ideia de que estão envelhecendo. Talvez elas não percebam que, mesmo idosa, uma pessoa continua a ser o que sempre foi. Se ela sempre valorizou a vida nos anos anteriores, se foi flexível, aberta às mudanças, sabendo ajustar-se aos desapontamentos, reveses e perdas, provavelmente assumirá a mesma atitude ao envelhecer. Se, ao contrário, sua atitude foi de negação da vida, empregando esforços e energia para se debater contra ela, isso significa que há rigidez e ausência de disposição para se curvar ao fluxo dos acontecimentos. Tudo indica que ela envelhecerá com essa mesma atitude, talvez mais acentuada.

Um modo de vida rígido não dá margem a mudanças, espontaneidade, flexibilidade ou variedade; em consequência, o estresse é maior. Se não podemos nos curvar ou considerar e avaliar novas ideias, métodos, descobertas e fórmulas, à luz de mudanças e de revelações, esse tipo de rigidez afeta diretamente o processo de envelhecimento.

Algumas pessoas idosas se surpreendem quando, ao tentarem coisas novas, descobrem recursos interiores cuja existência ignoravam. Não importa quão idoso seja alguém, há sempre algo novo que pode tentar, experimentar, explorar pela primeira vez. Nossos novos meios de passar o tempo (e afagar a nós mesmos) são importantes, mesmo que possam parecer exóticos para os outros. Afinal de contas as mudanças sempre podem causar estranheza.

O envelhecimento pode também afetar nossa identidade, quando passamos a ser enquadrados em uma categoria genérica. Passamos a ser um dos velhos, dos veteranos. Muitos idosos se ressentem profundamente disso, principalmente quando se sentem tratados como se fossem entidades de menor importância ou, então, como se queixou um idoso ainda vigoroso, com um tipo de gentileza irritante, semelhante àquele que é feito com as crianças, usando diminutivos. Ser chamado pelo nosso nome também é importante, mesmo que vivamos até os cem anos. É recordar nossa individualidade, distinta e única. As pessoas idosas apreciam ser tratadas como todos os demais, sem qualquer preocupação especial decorrente da idade.

Elas necessitam, como todos os seres humanos, de atenção e afeto. Mas acontece que muitos idosos são simplesmente esquecidos, postos de lado sem nenhuma razão objetiva. Certamente isso não ocorre porque a família ou a sociedade sejam intencionalmente cruéis. Não é isso; apenas são esquecidos, abandonados, descartados como objetos que já perderam a sua utilidade e o seu propósito. Nem todas as pessoas idosas se arriscariam a dizer isso, mas a verdade é que foram esquecidas.

O problema não é apenas o esquecimento dos idosos pelas pessoas mais próximas. Muitas vezes, devido à real situação dos idosos, as fontes de atenção podem ser praticamente inexistentes. É comum os filhos estarem muito longe, o cônjuge doente, incapacitado ou morto – assim como muitos antigos amigos íntimos e colegas de trabalho. Os problemas de saúde restringem a mobilidade que permitiria à pessoa idosa

procurar companhia. É possível alguém morrer por causa de um coração ferido e os corações podem sucumbir quando todas as fontes anteriores de atenção e amor desaparecem.

Para outros, no entanto, a situação não é tão desesperançada. Alguns nunca renunciam ao amor. Sem as fontes costumeiras de amor e afagos, eles recorrem a outros métodos de obtenção de afagos, como escrever ou se comunicar pela internet, por exemplo. Isso lhes possibilita não apenas obter carinho, como também preencher as horas do dia, que poderiam ser extremamente vazias.

Segundo o psicanalista Erik Erikson, na terceira idade é importante que possamos desenvolver um senso de integridade, uma realização baseada na reflexão sobre a nossa própria vida. Precisamos avaliar, resumir e aceitar nossa vida, obtendo um senso de coerência e integridade, em vez de ceder ao desespero pela incapacidade de reviver o passado de forma diferente. Se aceitarmos a vida que vivemos, sem maiores arrependimentos, sem nos alongarmos no "como poderia ter sido", ou no "que deveríamos ter feito", poderemos aceitar nossa morte como um fim inevitável de uma vida vivida tão bem quanto soubemos vivê-la.

> ➡ **Como você se sente em relação ao que realizou até agora na sua vida?**

Casamento, ilusões e ambivalências

Para começar a tratar do assunto, vamos considerar o verbete do *Dicionário de Psicologia* da American Psychological Association: "O casamento é uma instituição social na qual duas pessoas (na maioria dos casos), geralmente, mas nem sempre, um homem e uma mulher, comprometem-se com um relacionamento socialmente aceito no qual o intercurso sexual é legitimado e há responsabilidade legal reconhecida por quaisquer descendentes, bem como um pelo outro. Embora haja exceções, os parceiros conjugais tipicamente vivem juntos na mesma casa".

Algumas pessoas se casam porque estão apaixonadas. A paixão é definida pelos psicólogos como um sentimento ou uma convicção intensa, forte ou irresistível. Quando alguém se apaixona, procura inconscientemente afastar qualquer imagem que possa perturbar o estado atual de sua paixão. Essa negação dos aspectos que perturbam ou aborrecem contribui mais tarde para acentuar as dificuldades da relação e corroê-la em sua base: estar cego, recusar-se a enxergar o que desagrada significa entrar em um mecanismo de envolvimento autodestrutivo.

Há aqueles que se casam por conformismo, porque "todos se casam". Outros, por uma espécie de apego, necessidade de dependência ou por incapacidade de organizar a própria vida com autonomia. Nesse caso, não é difícil prever uma união instável e infeliz. Em um passado não muito distante também se encaminhavam nessa direção os jovens adultos, cujo desejo de sair de uma estrutura autoritária na família de origem alimentava a fantasia do casamento como fuga.

No início do casamento, uma aura romântica que envolve o relacionamento amoroso pode funcionar como um poderoso tranquilizante, superando as dificuldades criadas pela ânsia de uma vida frenética ou simples e cotidianamente monótona, aplacando a irritação da descoberta de defeitos inesperados no cônjuge e, geralmente, abrandando as novidades desagradáveis que a vida conjugal pode trazer nos primeiros tempos. No começo existe afeto, comunicação fácil, atração sexual e, às vezes, estima e confiança recíprocas. Um aprecia o outro, idealizando-o. Assim, na troca de amor e admiração, ambos experimentam uma sensação de serem os únicos felizardos, vivendo em estado de graça, ungidos pela providência divina.

Mas um casamento envolve mais do que simplesmente amor romântico. Com o passar do tempo, o período de encantamento romântico reflui e emerge o outro aspecto da relação, que nem todos estão preparados para enfrentar juntos: a ambivalência dos afetos, que está presente em todas as relações humanas. O amor e o ódio, a atração e a repulsão, o afeto e a aversão nunca podem ser separados completamente.

Acontece que não fomos educados para esse aspecto da vida amorosa, apesar de vivermos todos os nossos relacionamentos, mesmo os mais ricos e felizes, sob o signo da ambivalência.

Quando o casamento é considerado a meta de chegada para a superação de uma série de dificuldades, espera-se dele um final de contos de fada do tipo "e viveram felizes para sempre". Mas essa ideia é completamente falsa. Ninguém deixa de levar para o casamento os próprios problemas e as próprias limita-

ções. Além disso, existe uma grande probabilidade de que as dificuldades pessoais se multipliquem em vez de desaparecerem ou de se desvanecerem, na medida em que cada um tem sua própria carga de problemas somada à do companheiro. Então, em vez de uma subtração, o resultado é uma soma de dificuldades. Um exemplo disso é o índice crescente de separações entre casais jovens, que pode ser atribuído a certa instabilidade, profundamente arraigada na vida moderna.

As obrigações criadas pela promessa de viver juntos pelo resto da vida e a responsabilidade comum de criar filhos – que hoje em dia recai quase exclusivamente sobre o jovem casal – produzem uma profunda ansiedade, que só pode ser enfrentada com equilíbrio. Esse equilíbrio pessoal, no entanto, nem sempre está presente na época do casamento. Sua construção envolve um esforço contínuo e persistente por parte dos cônjuges.

▶ **Por que os homens se casam? E as mulheres?**

Influenciar os outros ou ser influenciado?

As pessoas se relacionam de diversas formas. Nós vivemos em sociedade e influenciamos uns aos outros. A força dessa influência depende de vários fatores.

A relação afetiva é um desses fatores. O vínculo familiar direto, a proximidade de parentesco ou a simples amizade atuam como reforço da influência interpessoal. Uma opinião emitida por um familiar ou por um amigo causa mais impacto do que a procedente de um estranho. Quando se forma um juízo sobre determinada ideia, quem emite esse juízo tem mais força do que a ideia em si. Se a opinião procede de alguém que além de conhecido está conectado por um laço afetivo, um caráter de confiança paralelo é adicionado ao que se tem com essa pessoa. Por exemplo, é bastante comum que um candidato a um posto de trabalho busque ajuda de "pessoas influentes" naquele ambiente, pois acredita que a opinião delas terá importância na sua contratação.

Outro fator importante é a relação de simpatia: pessoas que por seu caráter amável e pela graça com que se expressam e se comportam se tornam simpáticas e despertam ao seu redor um clima cordial e de confiança, que facilita as relações interpessoais. Tais pessoas fazem com que suas opiniões cheguem aos demais com um ar de convicção e credibilidade. É uma forma de carisma pessoal que reforça notavelmente a influência. É claro que o caso inverso, a antipatia, pode prejudicar a opinião mais verdadeira. Quando uma pessoa é vista como antipática, tudo quanto diga ou faça passará por esse filtro negativo, que irá comprometer sua credibilidade e enfraquecer sua influência.

Sabemos também que existem personalidades fortes e outras mais fracas. As primeiras demonstram segurança em si mesmas, o que dá grande firmeza a seus critérios e costumes. Geralmente dominam as situações e conseguem sobrepor-se às opiniões contrárias. A influência que exercem nos demais é reforçada pela segurança que emana de suas afirmações. Por outro lado, as pessoas mais fracas carregam um sentimento de inferioridade que as faz se subordinarem aos mais fortes, duvidando de si mesmas até o ponto de estarem convencidas de que tudo o que o outro diga há de ser profundo, sincero e engenhoso. São pessoas de critérios muito maleáveis, influenciáveis e que mudam de opinião com grande frequência.

Quando existe uma relação de autoridade mais ou menos aceita, o superior exerce uma influência manifesta sobre o subalterno. Isso é notório entre pais e filhos, professores e alunos, chefes e subordinados e todas aquelas pessoas que por seu *status* social possuem diferença de mando. Às vezes, a autoridade não precisa estar legitimada; simplesmente uma notável diferença de idade determina a influência: o mais velho sobre o mais jovem. Em outras ocasiões a autoridade é dada pela sabedoria ou especialização. Por exemplo, a opinião de um mecânico de automóveis pode influir decisivamente sobre quem pretende comprar um carro, bem como a opinião de um profissional da área da saúde sobre os hábitos de uma pessoa.

É evidente que a combinação de dois ou mais desses fatores em uma só pessoa multiplicará seu poder de influência. Se além de autoridade o indivíduo possuir força e simpatia, o êxito na persuasão estará praticamente assegurado. São aspectos muito conhecidos e usados há muito tempo na publicidade e na propaganda política.

➡ Influenciar ou sofrer influências. Como equilibrar isso?
➡ Analise suas relações interpessoais: você se considera uma pessoa fácil de ser influenciada? Como isso pode afetar sua vida?

Inveja

A inveja pode ser definida como o desgosto ou pesar pelo bem ou pela felicidade de outrem.

Há situações que se assemelham ou têm alguma conexão com a inveja, mas que pertencem a ordens distintas. Muitas vezes dizemos sentir inveja de uma pessoa, porque admiramos suas qualidades ou porque ela sabe fazer algo muito bem. Nesses aspectos, gostaríamos de ser igual a ela. Não se trata aqui de inveja, senão de um desejo de superação, que se concretiza em alguma pessoa. Outras vezes podem surgir sentimentos que refletem indignação pelo triunfo, como uma promoção profissional, por exemplo, de determinada pessoa, porque nos parece imerecido ou porque acreditamos que ela não esteja suficientemente preparada para desenvolver a função que lhe foi designada. Nem sempre se pode atribuir isso a uma inveja mais ou menos encoberta, porque às vezes há razões objetivas para essa apreciação, sobretudo se não se trata de pessoa próxima a nós, ou se seu êxito ou cargo está enquadrado em um âmbito de atuação distinto do nosso. Em outras ocasiões, trata-se mais de ciúmes do que de inveja. Sofremos quando outros conseguem o carinho e a admiração que gostaríamos que certas pessoas tivessem por nós de forma exclusiva.

A inveja é um sentimento (ou paixão, se for muito intensa) de desconforto que surge em alguém ao considerar o que outra pessoa possui ou consegue. Etimologicamente procede de *invidere*, que significa "ver com maus olhos". O invejoso "olha com maus olhos" as qualidades, êxitos ou posses dos demais, que constituem para ele uma fonte de sentimentos desconfortáveis e de profunda insatisfação.

A inveja é algo íntimo, que não se costuma confessar. É muito difícil alguém afirmar que sente inveja, pois nos parece um tanto vergonhoso admitir que o bem alheio pode inspirar um profundo mal-estar interior, carregado, às vezes, de hostilidade para com outra pessoa. Em outras ocasiões, tenta-se justificar esse sentimento mediante uma série de juízos de valor, que, apesar de terem algum fundamento, estão matizados pelo estado afetivo do invejoso, deixando de ser objetivos. Às vezes a inveja excessiva dá lugar à calúnia ou difamação. Nunca é demais observar que, quando alguém recolhe muitos êxitos em determinada atividade, em pouco tempo as críticas mais duras o acossam continuamente. Os exemplos estão na mídia para quem quiser conferir.

A soberba e o egoísmo são dois traços de personalidade vinculados intimamente à inveja. Pela soberba, uma pessoa não está disposta a aceitar que outros, aos quais considera iguais ou inferiores a ela, sejam mais valorizados pelos demais, possuam mais coisas ou tenham mais sucesso no campo profissional ou social. São muito frequentes as comparações com outras pessoas como fonte de autovalorização e autoafirmação do ego. O egoísmo supõe um exagerado afã de possuir tudo para si, dentro de uma atitude na qual predomina o estar voltado para si mesmo e donde os sentimentos e as preocupações dos demais permanecem um tanto à margem, como se não existissem ou não tivessem importância. Vive-se então o que foi conseguido pelos outros, como se se tratasse de algo furtado por eles. Os demais obtiveram algo que "por direito e por justiça" pertencia ao invejoso e que eles "não merecem".

Soberba e egoísmo são mobilizados por desejos de autoafirmação e de defesa da própria autovalorização quando nos comparamos com os demais. Muito impregnados de juízos de valor sobre os outros, esses sentimentos acabam carecendo de objetividade, uma vez que estão deformados pela carga afetiva investida neles.

⟹ **Você já sentiu inveja de alguém? Como foi isso?**

As relações com adolescentes

Uma visão tradicional da adolescência, que ainda prevalece em muitos livros, filmes e no pensamento de muitas pessoas, é aquela de um período tempestuoso e tumultuado. No entanto, os estudos mais recentes indicam que, embora esse seja o caso para alguns jovens, não é verdade para a maioria.

Isso não significa, contudo, que esses adolescentes não tenham problemas ou conflitos. Quer dizer apenas que tais "sintomas" tendem a ser suaves e transitórios. Os conflitos com os pais são frequentes e previsíveis, especialmente durante os primeiros anos da adolescência. Nessa fase, o horizonte mental dos adolescentes se expande e eles começam a perceber que os valores e a forma de vida de sua família não são as únicas possibilidades. Eles são capazes de perceber que não só há lugar para valores, crenças e formas diferentes de fazer as coisas, mas também que a maneira de ser de outros pais pode até ser melhor do que a dos seus. Por outro lado, a perspectiva de independência com suas responsabilidades pode ser assustadora; e, então, a segurança da dependência infantil, a certeza de que a mãe e o pai de alguma maneira "colocam as coisas nos lugares certos", também tem sua atração.

Esses conflitos entre necessidades de independência e dependência podem levar a oscilações súbitas e imprevisíveis nas atitudes e nos comportamentos. O adolescente pode ser surpreendentemente maduro, independente e responsável em um momento, e infantil e pouco digno de confiança em outro. Exatamente quando a mãe e o pai pensam que seu filho, ou filha, alcançou maior liberdade, pode acontecer alguma coisa que os leve a duvidar de que algum dia ele, ou ela, chegou realmente a crescer. Esquecer um compromisso importante, mudar os planos de uma hora para outra, comprometer- se a fazer algumas tarefas necessárias ou importantes e depois esquecê-las, resistir indignado à insistência dos pais quanto às tarefas de casa e depois não se preparar para uma prova escolar – tudo isso são causas comuns do quase desespero que vez ou outra atormenta os pais de adolescentes.

Mas, se desejamos que os adolescentes aprendam a ter responsabilidade e a se comportar como adultos, é necessário que eles tenham algum nível de controle sobre o que fazem e como fazem. Essa tarefa envolve a participação ativa dos pais, para os quais são desejáveis duas qualidades, necessárias para um trabalho bem-sucedido com adolescentes: a *congruência* e a capacidade de demonstrar uma *aceitação incondicional*.

Quando os pais não são congruentes, os jovens percebem isso rapidamente. Eles podem identificar com facilidade aqueles comportamentos que não são consistentes e genuínos.

Normalmente as condutas dos adolescentes não correspondem aos padrões dos adultos. Não é de surpreender que eles se sintam frequentemente julgados, criticados pelos adultos e algumas vezes pelos próprios pares.

> **Os adolescentes são particularmente atentos ao comportamento de outras pessoas, principalmente dos adultos, porque eles estão buscando modelos para a construção de sua identidade.**

Eles percebem muito rapidamente a desaprovação. E então se retraem, tendendo a não conversar livremente com os pais se acreditarem que serão feitos julgamentos negativos sobre eles. Além disso, críticas negativas não contribuem para uma abordagem construtiva das demandas que se quer trabalhar. É preciso que estejamos aptos a aceitar as ideias e os conceitos dos adolescentes para conseguirmos atingir seu íntimo.

A aceitação incondicional envolve uma aceitação positiva, sem julgamentos do comportamento do jovem. Isso pode vir a ser difícil e, às vezes, quase impossível, mas sem essa qualidade os pais certamente terão dificuldades em criar um relacionamento com o jovem. Para fazer isso, nós os adultos precisamos também ser capazes de lidar ativamente com nossos próprios sentimentos. Se falharmos nisso, o adolescente não se sentirá à vontade para falar de suas crenças e experiências. É preciso que sejamos autênticos e que nos libertemos dos papéis que representamos, pois quanto mais representamos papéis, mais nos sentimos distantes.

Se nos tornarmos seres humanos que se reconhecem e aceitam mutuamente, que realmente se comunicam, chegaremos mais perto uns dos outros.

> ➡ **Você se lembra da sua adolescência? O que você fazia quando ninguém estava olhando?**

O que significa o trabalho para você?

O trabalho ajuda as pessoas a buscar um sentido para sua vida. Para algumas, trabalhar significa apenas um meio de ganhar dinheiro, que lhes possibilita viver da forma que almejam. Para outras, representa a obrigação de cuidar do sustento próprio e da família, de arcar com as necessidades básicas de alimentação, abrigo e segurança, quase sempre suplantando qualquer desejo de prazer, diversão e lazer. Existem ainda pessoas para as quais trabalhar é também uma forma de buscar o reconhecimento dos demais por meio do envolvimento com um tipo de atividade.

O tempo que dedicamos ao trabalho pode ocupar uma boa parte de nossa existência e constitui uma fonte de satisfações e problemas que influencia nosso modo de ser. É paradoxal atualmente que muitas pessoas sofram com o desemprego, enquanto outras padecem do estresse causado pelo excesso de trabalho.

O trabalho dá um sentido a nossa vida porque possibilita direcionar o desenvolvimento de nossa personalidade. Por meio do trabalho sentimos que podemos ser úteis aos demais, nossa autoestima aumenta ao constatarmos que nossos esforços são valorizados além do ponto de vista econômico. A adaptação social é facilitada, uma vez que encontramos um meio para expressar nossas habilidades criativas, nossa capacidade de esforço,

> A ameaça do desemprego e a dificuldade em se encontrar emprego são uma espada pendente sobre a cabeça de muitas pessoas, representando uma experiência devastadora, que afeta o espírito, a mente e o corpo.

constância e de renúncia. O trabalho também focaliza o âmbito de nossos interesses e enriquece nossa vida de relação. Trabalhar bem, fazer as coisas bem, pode conduzir a certa satisfação, principalmente quando surgem estímulos que convidam à superação pessoal em trabalhos criativos e pouco rotineiros.

Escolher o ambiente de trabalho também é importante: fatores como ruídos constantes, luz artificial e a ausência de boa ventilação podem aumentar nosso nível de estresse. Além disso, podemos fazer as seguintes perguntas: Nossa opinião é ouvida e considerada? Conseguimos modificar o lugar de trabalho? É possível trazermos plantas e flores para personalizar nosso próprio espaço?

É muito importante termos algum nível de controle, mesmo que seja sobre um aspecto mínimo, de nosso ambiente de trabalho. Mesmo que trabalhemos em um lugar totalmente automatizado, ainda assim será possível introduzir certo nível de individualidade. É a capacidade de nos lembrarmos de nossas próprias características individuais e de partilharmos o local com outras pessoas que tornará nosso local de trabalho menos estressante.

Outro aspecto do ambiente de trabalho que é considerado tão importante quanto o anterior, se não o for ainda mais, são as outras pes-

soas com quem trabalhamos. É importante conseguirmos encontrar algum tempo para ficar sozinhos. Qualquer que seja o local de trabalho devemos dedicar algum tempo somente para nós, mesmo em um trabalho bastante exigente. Devemos aprender a relaxar enquanto trabalhamos, não apenas ao chegarmos em casa.

Não menos importante no trabalho é a capacidade de colocar limites, dizer "não" de verdade. Isto se aplica a todos os aspectos da vida, mas é muito importante no local de trabalho, em especial em algumas atividades de contato com o público. Embora nem sempre seja possível controlar nosso horário de trabalho, podemos planejar a semana de forma que nossas próprias necessidades e desejos sejam levados em conta, cancelando ou adiando o trabalho de rotina que não é urgente, aprendendo a dizer "não" aos pedidos de ajuda que podem ser atendidos por outra pessoa. Isso não significa indelicadeza ou falta de sensibilidade, mas sim que aprendemos a colocar limites nos outros e, acima de tudo, em nós mesmos.

⇒ **Pense em sua carreira profissional: a posição em que você se colocou lhe é satisfatória?**

⇒ **Se você está iniciando sua vida profissional, o que representa o trabalho para você?**

Todos sentimos medo

O medo é uma emoção intensa, causada pela percepção de uma ameaça iminente, envolvendo uma reação imediata de alarme, que mobiliza o organismo colocando em marcha uma série de alterações fisiológicas, voltadas para sua defesa. Praticamente todas as pessoas já sentiram medo alguma vez na vida e podem lembrar dos objetos geradores de medo a que estiveram expostas em vários momentos.

Por sua universalidade e frequência, o medo é considerado uma emoção normal e até mesmo útil para nossa sobrevivência, mas é preciso distinguir diversos níveis de intensidade. Diante de uma ameaça real, é lógico sentir temor, é o medo normal. Mas quando se tem uma reação excessiva, que não guarda relação com a causa desencadeante, ela se torna anômala. Por exemplo, alguém pode sentir medo de ser assaltado na rua, sobretudo à noite, mas se isto o impede de sair de casa assim que anoitece o medo passa a ser anômalo.

O medo deixa de ser normal quando altera ou bloqueia a conduta habitual, a estabilidade psicológica e nossas relações com o ambiente e as pessoas. Manifesta-se como uma perturbação do estado de ânimo, no qual perdemos a confiança em nossos próprios recursos para enfrentar situações concretas, que são percebidas como perigosas para nós. O perigo pode ser real ou imaginário, presente ou projetado no futuro, mas sempre acarreta uma diminuição na sensação de segurança.

As crianças aprendem a ter medo muito cedo, pois ele é usado pelos adultos para modificar o comportamento infantil. Existem vários geradores de medo nesse processo: o "homem do saco", os "fantasmas", a "cuca que vem pegar se a criança não nanar" e outros mais. O medo tem fortes raízes culturais e cada cultura tem seus próprios geradores de medo (por exemplo, os vampiros, os lobisomens etc.).

O medo infantil é relativamente fácil de reduzir, basta criar ao redor da criança um ambiente de segurança e confiança. No adulto, o medo se relaciona com a situação que o origina. Se ela ceder, o medo cederá também.

As experiências traumatizantes também podem gerar o medo. Quando vivenciamos situações desse tipo podemos temer que elas se repitam. As pessoas que sofreram agressões sérias ou que sobreviveram a desastres e catástrofes podem sentir medo de que eles se repitam. Esses medos poderão desaparecer ao longo do tempo, dependendo da gravidade do dano causado.

O medo pode ser detectado não só no aspecto psicológico, mas também tem uma importante sequência de sintomas neurovegetativos, como sudorese, taquicardia, tremores, necessidade de urinar, crises diarreicas, arrepios, que acompanham a ansiedade e a angústia, e que podem ser mais desagradáveis do que a própria emoção.

Tanto as manifestações psicológicas como as físicas podem ser precedidas de um curioso fenômeno: o medo de ter medo, que é como uma ansiedade que prevê o sofrimento que pode aparecer. Trata-se

JACEK DUDZINSKI/SHUTTERSTOCK

de uma emoção dolorosa que bloqueia quem a sofre e a incapacita de se desenvolver normalmente. A curto e a longo prazo acarreta duas condutas fundamentais: a esquiva e a fuga.

Quem sofre de medo excessivo evita com muita habilidade todas as situações em que ele possa aparecer, o que de alguma forma bloqueia sua própria atividade: por exemplo, quem tem medo de reuniões com muita gente não vai a festas e atos sociais e pouco a pouco vai se isolando em sua solidão. Outros fogem quando aparece o medo e sua conduta se torna incongruente, não podem controlar o medo, perdem a confiança em si mesmos e nos demais. Casos assim necessitam de tratamento psicoterápico intensivo e adequado.

> ➡ **Quais são seus maiores medos? É possível enfrentá-los?**

Meia-idade: melhor época da vida?

Entre a infância e a velhice cada um de nós possui uma espécie de sentido da própria idade em relação às outras pessoas que nos rodeiam. Quando crianças, possuíamos um sentimento generalizado de pequenez e incapacidade. Na adolescência tínhamos uma sensação de que nos encontrávamos em um limiar. Entre os 20 e os 30 anos, já adultos jovens, nos estabelecemos como trabalhadores, contribuintes, mas também como aprendizes. Dos 30 aos 40, adultos, queríamos ser reconhecidos pelas nossas contribuições e estávamos menos dispostos a nos relacionar com os outros como meros aprendizes. Também experimentávamos nessa altura da vida a fase média da paternidade. Nesses períodos podíamos frequentemente olhar para trás, mas ainda olhávamos predominantemente para o futuro.

Por volta dos 40 anos, começamos a perceber que já vivemos metade da vida. Quando olhamos igualmente para a frente e para trás temos consciência da meia-idade. Podemos perceber várias linhas que se entrecruzam no nosso espírito e que nos dão uma experiência particular da nossa idade. Poucas dessas linhas são agradáveis. Há a consciência do aparecimento de uma geração mais nova, que avança na vida e estará ainda viva quando tivermos morrido. Há também o reconhecimento do envelhecimento físico dos órgãos do corpo e nos deparamos com o fato de que essa deterioração leva à morte, que é o ponto final da nossa existência conhecida. Então, as noções que formamos sobre a morte estabelecem um limite no conceito que temos de nós próprios e são particularmente críticas no meio da vida.

A noção de morte pessoal está normalmente enraizada no conceito que temos de nós mesmos. Nós reconhecemos através dela que somos finitos e que somos seres humildes como os outros. É assustador, mas alivia, porque foi abandonada uma negação que estava arraigada há muito tempo.

Com o sentido de mortalidade incluso na consciência, somos levados a clarificar aquilo que gostaríamos de fazer na vida e a nos libertar também de sonhos que têm para nós pouco significado ou que são impossíveis.

Na meia-idade, a consciência da mortalidade transforma-se no sentido de que metade da vida passou e não nos resta muito tempo. Isso está ligado às perdas, não necessariamente perdas reais, mas esperanças perdidas. Com um longo futuro à sua frente, o jovem pode minorar o sentido de seus fracassos com sonhos sobre o futuro. Mas, na meia-idade, nossa contribuição em relação à vida adulta já está largamente limitada pelo trabalho e pela família. O futuro encontra-se restrito por ambos e pela realidade física de um corpo que envelhece. Os métodos antigos de olhar para o futuro para negar a ansiedade já não bastam; é necessário encontrar um novo equilíbrio.

Antes de sermos capazes de estabelecer esse equilíbrio teremos de enfrentar o problema do tempo, que poderá nos deixar com um sentimento de imobilidade, concluindo que "é tarde demais para começar alguma coisa nova". Esse tipo de aversão, de falta de expectativas, pode ser superado procurando simplesmente experiências novas. É preciso que tenhamos confiança e disposição para acreditar que exista alguma coisa digna de ser buscada. A confiança é o fundamento da esperança, formada em nossa primeira infância. Estamos agora de volta às tentativas, julgando mais uma vez o equilíbrio que podemos esperar entre nossas necessidades e imaginando quando elas serão atendidas. Só que agora não há ninguém que cuide de nós. Nós somos a nossa esperança e devemos descobrir quem é que desejamos ser a partir da meia-idade.

⇒ Como você está se preparando para a meia-idade?
⇒ Se você já chegou à meia-idade, como está reagindo: sente pena de si mesmo ou procura deixar uma contribuição para as próximas gerações?

Nós e o tempo

Quando falamos do tempo psicológico, estamos nos referindo à estimativa ou experiência subjetiva do tempo. Nós somos capazes de refletir sobre nosso passado e de projetar nosso futuro.

Em cada uma das épocas de nosso ciclo vital predomina um sentido de tempo. Na infância e na juventude nosso pensamento se dirige sobretudo para o futuro: desejamos, realizamos projetos, vivemos considerando "o que virá". Na maturidade oscilamos entre o vivido (fonte de experiência) e o que ainda, tendo em conta o tempo e as circunstâncias presentes, poderíamos alcançar. Por fim, na última etapa de nossa existência, nosso olhar se volta, mais nostálgico em uns casos e menos em outros, para o que já acarretou o tempo, o que já experimentamos.

Apesar dessas generalizações, em todas as épocas nossa mente flutua entre passado, presente e futuro. No equilíbrio dessas três temporalidades se encontra a chave da tranquilidade e da estabilidade mental. O depressivo vive predominantemente no passado, triste pelo que perdeu ou por quem já não está mais presente. O ansioso só leva em conta os problemas ou possíveis perigos futuros. Ambos são incapazes de vivenciar integralmente o presente. Uma pessoa equilibrada aprende com seu passado, mas não se enclausura nele; olha o futuro, mesmo que existam incertezas com as quais não se preocupa, e trata de gozar também o instante presente, sem que sua mente se distraia do que vive nesse momento.

Vivemos em uma época em que nossa sociedade supervaloriza a juventude. O jovem é bonito; o maduro, a deterioração dessa beleza. Portanto, ninguém mais velho pode ser considerado atraente se não mantiver os atributos da juventude. Ao mesmo tempo, uma "regra social", implicitamente assumida, diz que cada qual deve aceitar a idade que tem e não desejar aparentar o que já não é. É por isso que causam estranheza aquelas pessoas que, devido a sua falta de aceitação da passagem do tempo, fazem o possível para alterar seu aspecto físico, a fim de aparentar a todo custo uma juventude que já os abandonou. É claro que não há mal nenhum em cuidar-se e tentar apresentar um bom aspecto, até mesmo porque isso também é promovido pela cultura. Mas quando, por intolerância diante do envelhecimento natural, alguém se veste, se arruma, se junta com pessoas que têm vinte anos menos, ou passa diversas vezes por cirurgias plásticas, tudo para não parecer quem realmente é, essa pessoa cai no ridículo.

A contradição entre as injunções sociais "só os jovens têm capacidade" e "aceite a passagem do tempo" coloca muitos homens e mulheres em uma situação extremamente delicada.

Algumas pessoas têm dificuldades em deixar para trás a época juvenil, talvez pelo desejo de permanecerem livres das responsabilidades e encargos demandados para o desenvolvimento da vida adulta: o rompimento da dependência parental, o desenvolvimento de uma ocupação produtiva e responsável e o estabelecimento de relações de amizade e de intimidade comprometidas e maduras. No núcleo dessa concepção se encontra o rechaço a qualquer tipo de autoridade, ou ainda a mudança constante como valor e uma postura contrária a qualquer hierarquia. Como consequência, se questiona a utilidade do esforço (já que tudo pode variar) e do compromisso, a direção da vida para uma realização concreta ou a aquisição de alguns conhecimentos (laborais ou pessoais) "seguros". Em geral, tudo o que pareça ser "jovem" é considerado divertido, enquanto o "adulto" ou "maduro" é tachado de aborrecido, desagradável e pesado.

O fato importante é que nosso tempo é breve e passará, independentemente daquilo que possamos fazer. Então devemos ter um propósito que o torne importante para nós e para aqueles com os quais nos relacionamos.

Onde podemos encontrar um propósito? No presente. E devemos lutar para mantê-lo no futuro. O importante é lutar por algo.

➠ **Como você organiza seu tempo?**

A jornada completa

É fascinante como ao longo do ciclo vital cada um de nós parece desenvolver uma espécie de senso da própria idade em relação aos demais.

Quando crianças, percebemos os adultos como gigantes poderosos e logo cedo descobrimos como agradá-los, incorporando suas regras de conduta e seus valores. Aprendemos "quem somos" ouvindo pessoas importantes em nossa infância dizerem aquilo que elas pensam sobre nós. Isso tem uma influência muito forte em nossa vida!

Na adolescência, uma fase que pode parecer caótica e anárquica, começamos a aprender sobre nós mesmos e com o que realmente queremos nos identificar. Sentimos que estamos em um limiar, somos mais independentes, mas muito vulneráveis às opiniões de nossos colegas, como se o mundo inteiro estivesse nos espiando. A experimentação passa a ser a nossa prática mais corriqueira.

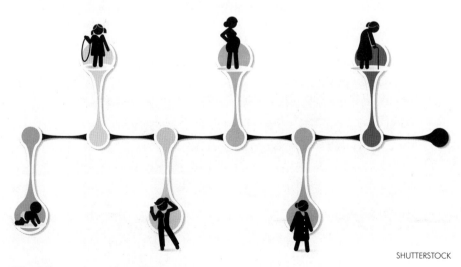

SHUTTERSTOCK

Depois dos 20 anos buscamos relacionamentos genuinamente íntimos, lutamos para nos estabelecer e viver por conta própria. Podemos experimentar uma sensação agradável de independência, de estar no apogeu físico e mental e, ao mesmo tempo, verificar que nem sempre é fácil superar os obstáculos. Ocupamos um espaço no mundo, mas somos simultaneamente mestres e aprendizes.

Dos 30 aos 40 anos passamos a querer o reconhecimento dos outros por nossas contribuições e realizações. Sentimos que o modo de obter mais da vida não é pela acumulação, mas pela participação. Cresce um sentimento de que é mais importante o que somos e não o que temos. Estamos menos dispostos a posicionarmo-nos como aprendizes e nos esforçamos para corresponder aos nossos papéis de profissional, sócio, amante, parceiro ou pai. Podemos olhar para trás, avaliando nossa experiência, ao mesmo tempo que nos projetamos para o futuro.

Entre os 40 e os 50 anos, começamos a nos dar conta de que já vivemos aproximadamente metade da nossa vida e de que podemos olhar igualmente para trás e para a frente, nos questionando se estivemos construindo coisas realmente valiosas, se o caminho que trilhamos era o que deveria ser trilhado. Também tomamos consciência de que uma geração mais nova avança na vida e tomará nossos lugares.

A partir de então, à medida que os anos passam, começamos a reconhecer o envelhecimento físico, quando nossas energias começam a declinar. Essa deterioração é a base da meia-idade; o tempo está passando e não podemos deixar de reconhecer a inevitabilidade da morte. Tal reconhecimento é útil e pode nos ajudar a reavaliar nossa vida e a valorizar o presente.

> ➡ **Vamos imaginar uma linha da vida, na qual podemos ver nossas experiências passadas. O que nos faz querer empreender essa jornada?**

Divórcio: o casal e os filhos

Quando as pessoas se divorciam, surge, muitas vezes, um sentimento de culpa que é expresso por uma grande agressividade e pela tendência para responsabilizar o parceiro pelo fracasso. O problema é que muitos cônjuges têm a impressão de haverem sofrido violência por parte de alguém que os enganou e, por covardia, fez o jogo do casal estável. Quando subitamente encontram a coragem para romper a relação, isso ocorre de maneira precária. Então, uma das partes age de maneira mais brusca e a outra acha que foi pega desprevenida. Nessas situações, em que cada um se sente afetivamente ferido e tem dificuldade de controlar o desejo de vingança, é preciso ter cautela para não piorar as coisas.

Tudo poderia ficar mais fácil se os parceiros tivessem a coragem de reconhecer a falta de entrosamento do casal e a impossibilidade de encontrar um espaço de compreensão mútua. Seria importante em uma separação poder refletir, estar sozinho consigo mesmo para fazer um balanço.

Uma dificuldade enfrentada por casais que se divorciam é como a separação, o rompimento do casal, repercute no imaginário dos filhos, sejam crianças ou adolescentes. Mesmo antes da separação eles sentem negativamente os efeitos do clima instaurado em casa. As discussões, as tensões e os traumas que isso envolve são mais difíceis para um casal com filhos. É quase inevitável que eles vivam a separação com mais dificuldades do que casais sem filhos. Basta lembrar que terão sempre compromissos que os obrigarão a manter contato depois do di-

> O ideal seria separar-se nas melhores condições, preservando o interesse e a integridade dos filhos.

vórcio, que depois da sua opção outras pessoas serão envolvidas na mudança e as interações familiares se tornarão mais complexas.

Outra questão é o fato de os filhos ficarem isolados na família, em geral confiados à mãe, outras vezes ao pai. A separação dos pais é muitas vezes vivida com grande culpa, principalmente pelas crianças, como se uma parte da responsabilidade coubesse a elas, como se fossem as causadoras dessa ruptura.

Se os filhos vivem essa separação com tal inquietação interior, talvez seja porque os pais não permitiram que se situassem bem nessa ruptura. Um divórcio, uma separação, é uma fase bastante difícil. De certa maneira é uma constatação de fracasso. No plano afetivo é um período particularmente delicado. A primeira coisa que pode ser dita aos filhos é que é melhor o casal se separar do que viver uma relação que não se sustenta mais e que lhes mostra uma imagem negativa do que é o amor. Eles irão compreender isso muito bem, pois é difícil para um casal fingir o tempo todo.

Também é preciso saber explicar aos filhos que eles não são a causa do divórcio, que isso é problema do casal e que seus pais devem resolvê-lo.

Além disso, é importante lembrar aos filhos que eles nasceram de uma relação amorosa entre seu pai e sua mãe e que estes últimos não os abandonarão apesar de separados.

➠ **O relacionamento acabou. E agora? O que é que eu faço? O que será de mim?**

O papel do pai na sociedade moderna

O domínio masculino que caracterizou a cultura patriarcal durante toda a história conhecida foi sendo gradualmente posto em xeque, o que acarretou uma insegurança latente acerca do papel masculino, especialmente na paternidade.

A tecnologia e a ciência modernas mostraram que ilusões do domínio masculino não se sustentam mais na família moderna. Agora, a demanda é a cooperação das inteligências independentes de maridos e mulheres, atuando em equipe. Mas essa cooperação não está ainda firmemente estabelecida nas expectativas da sociedade em geral, de modo que os homens estão particularmente inseguros de si mesmos.

A presença regular do pai e da mãe pode tornar mais fácil à criança integrar seus sentimentos ambivalentes. Muito cedo o pai torna-se importante como pessoa com valor próprio. É apenas de gênero diferente da mulher, de modo que os meninos e as meninas encontram sua própria identidade sexual tanto observando o pai e a mãe juntos quanto por meio das formas sutis como cada um, separadamente, se relaciona com eles.

A sociedade urbana moderna apresenta uma dificuldade particular em relação à aprendizagem dos filhos com o pai. Eles raramente veem o que ele faz no trabalho. No passado, a maioria dos filhos podia acompanhar os pais nos campos ou na oficina. Hoje em dia essa oportunidade é rara. Os pais saem de casa cedo para fazer alguma coisa que os filhos desconhecem, permanecendo fora até as cinco ou seis horas da tarde. O pai pode até mesmo dizer que trabalha em um barco, em um escritório ou em uma fábrica. Mas, na maioria das vezes, esses relatos orais não têm significado para a criança. Enquanto isso, o filho de um lavrador pode acompanhar o pai, aos 7 ou 8 anos, vê-lo trabalhar, ajudá-lo, começando muito cedo a compreender o que é trabalho quando está de férias ou depois da escola.

Os filhos do homem que trabalha em um escritório, por exemplo, só podem observá-lo e copiar-lhe as brincadeiras, os consertos em casa, no carro ou, eventualmente, a jardinagem. É possível que esse afastamento do trabalho do pai tenha contribuído para a desvalorização da paternidade em nossa sociedade. Além disso, os modelos paternos, por muito que sejam apresentados em sua totalidade pelos adultos, são quase inúteis se a criança não se sente pessoalmente reconhecida pelo pai. Sente-se tão perturbada com o ressentimento enraivecido de não ser notada que tende a destruir os modelos que o pai apresenta, por muito úteis que sejam em princípio. Assim, o pai precisa se colocar a par dos filhos, informar-se a respeito de e com eles, apreciá-los da mesma forma que a mãe.

O pai precisa estar presente ao lado dos filhos desde o começo da infância, porque assim ele poderá não só assistir ao seu crescimento, mas também terá a oportunidade de conhecê-los mais intimamente. E para isso é preciso estar presente com regularidade. Só assim, conhecendo intuitivamente as formas de pensamento dos filhos, será capaz de desempenhar o seu papel de cuidador e mentor quando chegar o momento apropriado.

> Muitos homens pensam que podem ignorar os filhos na infância, mas estão enganados.

Não basta ser apenas o pai biológico, é preciso ser um pai que conhece e cuida. Se os filhos não conhecerem o pai durante a infância, ele aparecer-lhes-á como um estranho, que fala uma linguagem que não lhes é familiar e que impõe uma disciplina que lhes parece, muitas vezes, arbitrária.

⟹ **Basta ser pai ou é preciso participar? Basta ser amigo ou é preciso ser pai?**

Perdas

O envelhecimento e a vivência de morte costumam estar intimamente relacionados. À medida que a vida avança, o aviso de seu fim se faz cada vez mais presente.

Em 1900, a expectativa de vida era de aproximadamente 40 anos; atualmente tal expectativa situa-se, nos países desenvolvidos, na faixa dos 75 anos. Como consequência, há uma tendência para o aumento do número de idosos, mas curiosamente não são os idosos que têm mais medo de morrer. São os mais jovens e os adultos, que pelo menos teoricamente são pessoas que têm a morte como um fenômeno mais distante de si.

O fato é que a vivência da morte afeta não só aquele que se aproxima dela como a todas as pessoas que o cercam e o amam. E são muitos os fatores que influenciam a atitude das pessoas diante da morte: a fé, a crença em Deus e a esperança de uma vida futura confortam, dão inteireza e resignação na hora de enfrentar a morte e suportar a perda de entes queridos. Quando pensamos em perda, pensamos na morte daqueles que amamos.

O sentimento de perda de alguém e o processo de adaptação a essa situação de ausência podem afetar praticamente todos os aspectos da vida de quem permanece vivo. A perda ge-

> Ainda que afirmemos o contrário, todos nós temos algum medo de morrer ou nos assustamos com a morte, mesmo que tenhamos a tendência de considerá-la como algo *alheio*, longínquo e afastado de nós, que nunca nos afetará diretamente, nem àqueles a quem amamos.

ralmente provoca mudança de *status* e de papel (por exemplo, de esposa para viúva ou de filho para órfão). Podem ocorrer consequências sociais e econômicas: perda de amigos e, às vezes, de renda. Mas primeiro manifesta-se o pesar do luto – a resposta emocional vivenciada nos primeiros dias da perda. O pesar é a angústia que sentimos após uma perda significativa, como a de alguém que amamos. Geralmente inclui sofrimento, ansiedade de separação, confusão, anseio, permanência obstinada no passado e apreensão em relação ao futuro. O luto é o período durante o qual isso ocorre.

A perda, assim como o morrer, é uma experiência altamente pessoal. Ultimamente muitos psicólogos e pesquisadores têm questionado as noções anteriores de um único padrão "normal" de luto e de uma sequência "normal" de recuperação. Outrora, uma viúva que conversasse com o marido falecido seria considerada emocionalmente perturbada; atualmente, isso é reconhecido como um comportamento normal e útil para sua recuperação.

Algumas pessoas têm uma recuperação relativamente rápida após a perda, outras não. Um padrão de luto clássico envolve três estágios, nos quais a pessoa enlutada aceita a dolorosa realidade da perda, aos poucos se liberta do vínculo com o falecido e se readapta à vida desenvolvendo novos interesses e novos relacionamentos.

Por fim, é preciso ressaltar que as perdas são muito mais abrangentes em nossa vida, pois perdemos não só pela morte de um ente querido, mas também por abandonar e ser abandonado, por mudar e deixar coisas para trás e seguir nosso caminho. Nossas perdas também incluem não apenas separações e partidas dos que amamos, mas também a perda consciente ou inconsciente de sonhos românticos, expectativas impossíveis, ilusões de liberdade e poder, ilusões de segurança e a perda de nossa própria juventude, que julgávamos imune aos efeitos do tempo.

> ➡ **Como você enfrenta as perdas? Experimente olhar para as perdas que sofreu como algo que está intimamente ligado ao seu crescimento interior e ao começo de uma mudança promissora.**

Assumir riscos e perder o medo de amar

— Não me sinto à vontade no meio de tanta gente.
— Gostaria de conhecê-la melhor.
— Não sei o que dizer às pessoas depois que somos apresentadas.
— Eu gostaria que pudéssemos ser mais íntimos.
— Não me sinto confortável em festas.

O repertório emocional dos seres humanos é simples e direto. Somos criados para sentir calor e felicidade quando acariciados, raiva quando frustrados, medo quando ameaçados, dor quando rejeitados, mágoa quando insultados, tristeza quando abandonados, ciúme quando postos de lado, e assim por diante. Cada cultura considera algumas dessas reações como inaceitáveis e tenta moldar seus membros impondo-lhes padrões específicos de limitações. Alguns aprendem a não rir, outros a não chorar; alguns aprendem a não amar, outros a não odiar.

As declarações apresentadas no início desse texto refletem um tipo de medo aprendido: o medo de que os outros não estejam dispostos a correr o risco de nos amar. Diante de uma possibilidade de amor, viramos as costas e saímos correndo, em pânico. Achamos arriscado demais e temos medo. Queremos amar, mas fugimos do amor. Queremos um abraço, mas endurecemos o corpo quando somos abraçados. E, assim, vamos nos tornando mais solitários, contentando-nos com migalhas afetivas e com a presença física de outras pessoas. Ao mesmo tempo ficamos na sombra, espreitando, à espera do momento ideal em que teremos coragem de dar e receber amor, de assumir riscos e de superar as limitações dos gestos contidos, polidos e formais.

— *Se ele me conhecesse mais a fundo, não iria gostar de mim... iria encontrar alguma coisa que desaprovasse... iria concluir que não sou digna de amor.*

Às vezes pensamos e decidimos pelos outros, concluindo por antecipação que isso ou aquilo vai acontecer em determinada amizade. Conseguimos, através do nosso medo, manter certa distância das outras pessoas. É uma defesa conveniente, usada por muitas pessoas solitárias. Mas tais decisões contribuem apenas para repelir pessoas que poderiam apreciar intensamente a nossa companhia e nos conhecer melhor, se lhes fosse dada a oportunidade. Nesse caso estamos privando-as do direito de decidirem por si mesmas.

Com o tempo, à medida que vamos ficando mais experientes, descobrimos uma atitude de indiferença no mundo exterior, que tende a intensificar a nossa crença mítica de que "não somos amados pelo que somos". Quando percebemos que desempenhamos diversos papéis sociais (paciente, cliente, assinante, consumidor, educando etc.), tomamos consciência da impessoalidade da vida.

Isso pode nos deixar tristes, aborrecidos ou mesmo assustados. Tais rótulos nem sempre levam em consideração nossa individualidade, nossos talentos e capacidades. E isso pode doer muito. Esses rótulos podem provocar uma repetição do velho diálogo interno: "Eu não sou digno de amor". Essa impessoalidade é um fato objetivo da vida, a respeito do qual muito pouco podemos fazer. Além disso, não queremos nem precisamos da compreensão de todos. Basta uma única pessoa que nos compreenda, estime e aprecie a nossa individualidade. Isso já é mais do que suficiente.

Se sentimos que não temos ninguém a quem possamos dar e de quem possamos receber amor (nessa ordem), então somos realmente solitários. Tal sentimento está, na maioria das vezes, baseado em uma antiga decisão: a de que nunca mais correremos o risco de amar. É claro que ninguém precisa ficar nessa situação. Enquanto estivermos dispostos a correr o risco do amor, haverá sempre ocasiões em que outras pessoas responderão positivamente, vindo a preencher nossas necessidades afetivas, degelando a solidão. As respostas podem partir de pessoas das quais jamais esperaríamos tal atitude. Mas isso faz parte do risco, da própria emoção de amar.

➡ **Qual é a sua disposição para assumir riscos no amor?**

Ser pessimista ou estar pessimista

No que consiste o pessimismo? Trata-se de uma crença de que o *pior* nos *espera no futuro*. Como não temos a capacidade de prever o que nos acontecerá no futuro, o pessimismo não passa de um juízo presumido, que se vive com certa dose de certeza nas conotações pejorativas que o caracterizam e que está carregado de desesperança. Podemos dizer que há pessoas que são pessimistas e pessoas que estão pessimistas. E é preciso distinguir os dois casos.

Quando dizemos que alguma pessoa é pessimista, nos referimos a alguém em quem o pessimismo é parte de sua forma de ser. Sua falta de esperança no futuro e a longa cadeia de pensamentos negativos que surgem a cada minuto em sua cabeça fazem com que mantenha seu estado de ânimo em baixa, de modo mais ou menos permanente. Sua concepção de vida é comumente cética e ela tem muita dificuldade para alegrar-se com qualquer coisa. Em tudo ela vê problemas, nada é realmente atrativo, tudo tem uma desvantagem implícita. As experiências agradáveis e os acontecimentos alegres duram pouco para esse tipo de pessoa, nas raras vezes em que os experimentam. Por outro lado, as experiências penosas são vividas com grande intensidade e persistência, podendo até resultar em crises psicológicas. Quando não ocorre nenhuma desgraça, ela sente como se no ambiente pairasse uma nuvem, envolvendo tudo, impedindo-a de desfrutar as coisas boas do cotidiano. Se um problema ou uma preocupação forem resolvidos, serão imediatamente substituídos por novos obstáculos. Esse perfil de personalidade parece favorecer a aparição de depressões.

Dizemos que *estamos* pessimistas naqueles momentos em que nos sentimos assim de forma transitória, durante horas ou mesmo dias. Nesses casos, a sensação de que as coisas irão mal pode ter sido provocada por um fracasso e, quando algo vai mal, tendemos a pensar que isso voltará a acontecer, e então nos tornamos pessimistas. Esses julgamentos são frequentemente resultantes de situações do contexto familiar aprendidas no passado.

O pessimismo também pode estar relacionado às alterações de estado de ânimo. Quando estamos desanimados, tendemos a selecionar e recordar os piores acontecimentos do passado, com uma visão parcial em que aquilo que foi bom já não conta, uma vez que julgamos o momento presente e o futuro com desesperança. É como se a afetividade impregnasse nossos julgamentos de valor, preenchendo-os com pessimismo e desesperança. Quando nosso estado de ânimo melhora, geralmente depois de um curto período de tempo, recuperamos a dose de otimismo habitual de nossa forma de ser. E então poderemos enfrentar as dificuldades e os problemas, com perguntas mais construtivas. Se, por exemplo, nos posicionarmos de modo a buscar soluções para um problema, ou para aprendermos com as experiências adversas, estaremos adotando uma postura que nos conduzirá a uma vida mais saudável.

> **Nossa situação afetiva influencia muito nossas avaliações a respeito do passado, do presente e do futuro.**

➡ O que você pode fazer quando as coisas vão mal?
➡ Nessas ocasiões, como se dispõe a resolvê-las?

Relacionamentos amorosos

Nós somos seres essencialmente interpessoais, intrinsecamente motivados por uma necessidade de nos relacionarmos. A interação com outras pessoas pode nos ajudar a encontrar um significado e um propósito para nossa vida, a descobrir nossas próprias capacidades e a exercitá-las.

Muitos fatores influenciam se sentiremos ou não atração por determinada pessoa: atração física, proximidade, familiaridade e similaridade.

As relações de um casal, as amizades e as relações interpessoais de modo geral implicam certa estabilidade, distinguindo-se dos contatos efêmeros e fortuitos. A proximidade ocupa um lugar vital nas relações interpessoais. Uma pessoa pode cumprimentar regularmente o porteiro do prédio onde mora ou conversar com o dono da banca de jornais, mas não mantém relações com essas pessoas que possamos qualificar de "relações interpessoais", pois estas se caracterizam pela proximidade emocional, familiaridade, envolvimento afetivo e abertura pessoal.

> **Crescemos por meio da interação com outras pessoas, que nos trazem continuamente a vida, por meio de sua compreensão, sua confiança e seu amor – e nós fazemos o mesmo por elas!**

Embora possa haver exceções, a verdade é que só aprendemos a amar se algum dia fomos amados. Se, porventura, a vida na infância consistir exclusivamente em uma difícil luta pela sobrevivência, é bem provável que essa luta se perpetue por toda a existência. Nesse caso, as pessoas podem escolher casar ou estabelecer um relacionamento com alguém apenas para conseguir um lar, dinheiro ou segurança.

É claro que a maioria das pessoas também procura um lar, dinheiro e segurança, mas o que as diferencia é que elas sentem ou pensam que estão amando e se envolvem em um ideal romântico. Às vezes, uma pessoa imagina estar amando alguém que possa suprir uma lacuna em sua vida. Outras vezes, a escolha de um parceiro é um processo mais racional e frio.

O vínculo entre amor e casamento é historicamente recente e pouco universal. Na sociedade ocidental ele se tornou mais forte nas últimas décadas, quando homens e mulheres passaram a se recusar a casar com pessoas que não amam.

Os relacionamentos amorosos envolvem uma multiplicidade de possibilidades. Muitas tentativas têm sido feitas para classificar os tipos de amor: o amor apaixonado, caracterizado por emoções intensas e muitas vezes conflitantes, e o amor do companheirismo, que envolve confiança, cuidado, tolerância, calor e afeto.

Há também as escolhas dramáticas. Não há quem não conheça, ou até mesmo tenha vivido, pelo menos uma história em que um dos membros de um casal viu-se envolvido em um relacionamento extraconjugal. Um casamento envolve mais do que simplesmente amor romântico, que se baseia em sonhos. Para as pessoas que se amam mutuamente, um único fato dificilmente assume proporções destruidoras ou finais. Mas no amor romântico inexiste essa flexibilidade, na medida em que as pessoas tentam forçar a realidade a penetrar em suas fantasias.

Os laços afetivos são constantemente testados pela convivência diária. E quando se tornam frágeis é fora do casamento que muitas vezes um dos parceiros busca a solução de seus problemas. Os efeitos podem ser então negativos e até mesmo devastadores. Nem sempre se compreende que o oposto do amor não é o ódio, mas sim a indiferença.

> ⮞ Há pessoas em sua vida com as quais gostaria de estabelecer relacionamentos mais livres e profundos? Algo impede que isso aconteça?

Relações recorrentes

Se voltarmos nossa atenção para nossos relacionamentos passados, tornar-se-á mais fácil notar a presença constante e ativa de um denominador comum a todos, o qual sempre determinou a repetição sistemática das mesmas dificuldades. Algumas pessoas percebem que são inevitavelmente atraídas por aqueles que as tratam mal ou que parecem rejeitá-las; outras perceberão que escolhem sempre um companheiro de personalidade mais forte do que a delas ou de caráter prepotente; outras, ainda, que são fascinadas por quem tem uma posição social superior à sua ou uma idade mais avançada.

Cada indivíduo pode procurar entender quais são os motivos que despertam nele o íntimo desejo de estabelecer uma relação afetiva com outra pessoa. Mas, quando ela termina, é necessário que se faça um balanço, focalizando a atenção na lembrança do próprio comportamento anterior, comparando-o com o atual. Essa busca pessoal revelará o fato de que, no início de cada relação, a pessoa sente-se no paraíso, entusiasmada e segura, enquanto no final retorna à terra, desiludida e triste.

Esclarecer para nós mesmos as mudanças sofridas e as razões que as determinaram tornará mais fácil fazer um balanço sério: poderão ser aceitas aquelas mudanças que representam um amadurecimento, enquanto, por outro lado, poderemos reencontrar aspectos da própria personalidade que amávamos e que foram perdidos. Do mesmo modo, será possível compreendermos quais são os aspectos que nos limitam e nos atrapalham na interação com as outras pessoas, ou seja, quais são os mecanismos inconscientes que entram em cena, estragando nossos relacionamentos.

Existem muitas pessoas, porém, que se recusam a aprender com os erros do passado e que continuam a repetir as mesmas situações de um relacionamento a outro. Embora seja muito difícil mudar a direção das próprias preferências e inclinações, uma verdadeira e positiva mudança na qualidade das relações com os outros é possível, pois isso não depende tanto dos diversos tipos de pessoas com as quais se tenta estabelecer essas relações, mas sim da consciência das próprias necessidades e das próprias fraquezas.

As pessoas em contato estão sempre mudando, mesmo aquelas que são íntimas irão se tornar gradativamente estranhas, a menos que se atualizem diariamente, dizendo quem são, em relação a lugares, acontecimentos e outros seres. A pessoa com quem você falou ontem não é a mesma que a encontra hoje.

O tempo também muda a qualidade das nossas experiências. É impossível reconstruir ou recriar exatamente a mesma disposição, excitamento ou atmosfera de determinada experiência, agora pertencente ao passado. Não podemos revivê-la agora da mesma forma como a experimentamos. Podemos tentar, mas de alguma forma, a qualidade da experiência será diferente. Pensem em todo o tempo e esforço que desperdiçamos na tentativa de reviver acontecimentos passados emocionantes e memoráveis. Quando

Lembre-se: a natureza de nossos relacionamentos muda continuamente.

tentamos revivê-los, a situação se torna artificial. Nesse caso, estamos mais envolvidos com o passado do que com o presente.

O tempo muda as coisas, o tempo muda as pessoas; também muda a natureza das nossas disposições e expectativas individuais. Momentos preciosos não devem ser revividos ou reconstituídos, pois é preciso que permaneçam para sempre únicos e incomparáveis.

É impossível pretender que as pessoas tenham a mesma disposição de quando as deixamos, quer tenham se passado cinco anos ou cinco dias. Lembramos delas de uma maneira, mas, nesse meio-tempo, todos nós mudamos. A intimidade, quando genuína, nunca é antecipada; apenas flui, atendendo às nossas necessidades no momento. Cada experiência de intimidade possui uma qualidade própria e única. O tempo determina uma mudança nesse sentido.

Ao longo dos anos somos separados de bons amigos, entes queridos e lugares familiares. Muitas vezes, essa separação acarreta uma experiência inesperada, súbita e desconcertante de estarmos sós. A cada separação há um tipo de experiência de estarmos sós que é única para uma pessoa ou lugar em particular. É assim que deve ser. O valor de um momento ou relacionamento memorável é preservado apenas na medida em que não tentamos reconstituí-lo com outra pessoa no presente.

➡ **Pense no que se passou nos últimos anos e relembre as pessoas que convidaram você a um pouco de intimidade. Você aceitou ou recusou esses convites?**

➡ **Agora enumere algumas pessoas que você possa ter convidado à intimidade. Elas aceitaram ou recusaram? Quais foram os motivos?**

Nunca é tão simples

As relações interpessoais, com os familiares, com os amigos ou colegas de trabalho, apresentam situações que muitas vezes são difíceis.

Nossa relação com os outros nunca é uma coisa simples, exigindo que nos conheçamos e que estejamos bem com nós mesmos. Além disso, é preciso que ousemos nos comunicar com os outros e que os descubramos em toda a sua liberdade.

Nesse sentido é essencial que sejamos honestos, conosco e com os outros. É nas relações humanas fundadas na sinceridade e na honestidade que podemos chegar a ser efetivamente livres.

Uma relação também é enriquecida pelas diferenças. Seria monótono se só encontrássemos pessoas que pensassem exatamente como nós. As diferenças nos ajudam a refletir e a evoluir. Devemos continuar sendo nós mesmos, mas sem julgar os outros. Com sinceridade, dizer o que pensamos, mas permanecendo exigentes, evitando expor nossos preconceitos.

A sinceridade demanda em um primeiro momento que saibamos adotar certa distância diante das pessoas que encontramos para que possamos apurar nosso senso de observação. É preciso saber observar e saber ler nas entrelinhas.

O mesmo acontece com as relações de amizade. Podemos investir, partilhar, confiar e pedir a opinião dos outros. Não existe uma amizade verdadeira sem sinceridade e honestidade. Mas existe uma grande diferença entre ter relações de amizade e compartilhar sempre a mesma opinião. Embora a amizade comece por gostos comuns e por uma atração mútua, permanecemos sempre profundamente diferentes. E é por isso que é possível haver trocas. Sabemos que podemos contar com alguém, pedir sua opinião, que será toda própria e não dirá necessariamente o que queremos ouvir. É isso que nos tornará mais fortes e menos solitários.

Desde pequenos nossas relações com os outros são essenciais: são elas que nos estruturam, que nos permitem desenvolver plenamente e ampliar nossa experiência. A ausência de harmonia nas relações com os outros pode ser um sinal de angústia ou revelar feridas profundas. Nesse caso, mesmo se não for fácil, é preciso assumir e ter coragem de falar, para conseguir forjar uma personalidade suficientemente forte e construir relações satisfatórias com os outros. Ter boas relações com nossos amigos e com nosso círculo social é sinal de que estamos bem conosco. É uma forma de nos abrirmos para o mundo, com o coração e o espírito.

Na amizade, como em outras relações humanas, a liberdade é essencial. É preciso saber o que temos vontade de fazer e poder expressá-lo. O importante, nessa liberdade que respeita o outro, são os momentos que partilhamos quando estamos juntos. A troca de pontos de vista nos permite avançar.

Ter amigos, porém, não é estar sempre juntos. Cada um deve viver sua vida para que possamos compartilhar os bons momentos quando nos encontrarmos. E também para pedir socorro quando precisarmos.

Por outro lado, é essencial saber respeitar o silêncio dos outros. E também saber escutar e, sobretudo, evitar julgamentos. Porque na maioria das vezes o que importa mesmo é a nossa presença. Nossos amigos necessitam dessa presença.

➡ **Rememore seus amigos de infância. Que sentimentos, necessidades e valores vocês viveram juntos?**

Quando você é seu pior inimigo

Existem pessoas que se sentem infelizes, mesmo dispondo de um ambiente favorável, com pouca ou nenhuma dificuldade para conseguir o que almejam. Se não há inimigos, ou grandes obstáculos externos, qual é o problema delas?

Muitas vezes o principal obstáculo pode estar na própria pessoa, quando ela mesma se torna e age como se fosse seu principal inimigo.

Há inúmeras barreiras emocionais com que se defronta uma pessoa que busca construir uma vida digna. Uma delas é privar-se de um grande número de oportunidades, o que constitui uma espécie de castigo. Na maioria das vezes quando isso ocorre é porque a autoestima está baixa, faltando "amor-próprio" e autoaceitação. Ela não tem permissão interna para pensar: "Eu posso desfrutar dos mesmos direitos que concedo aos outros".

O reconhecimento do próprio valor implica a consideração de ser tão importante na vida como os demais. Para muitos, isso não é fácil; não sabem ou não se permitem se analisar com objetividade. Exaltam as virtudes alheias e são capazes de perdoar os maiores erros e defeitos dos outros, mas são tremendamente injustas consigo mesmas, exigentes e até mesmo cruéis. Esse tipo de comportamento pode vir a produzir uma amargura, que desemboca invariavelmente na depressão e no comportamento neurótico.

Essa forma de ser e de sentir está relacionada, em geral, a padrões de aprendizagem inadequados, experimentados ao longo do desenvolvimento. A criança, desde seu nascimento, é egocêntrica, ainda não tem consciência social e pensa que tudo o que a circunda lhe pertence. Uma ideia que é corroborada pelo fato de que ela costuma habitualmente ser o centro das atenções da família. É mais tarde, por meio da educação formal e do contato com outras crianças, que ela descobre que há outras pessoas que, como ela, merecem respeito e consideração. Uma educação correta canaliza o egocentrismo para os outros em sua medida justa.

Infelizmente, muitas normas sociais e educativas são incutidas na personalidade de forma desmedida e inadequada, sobretudo quando são infundidas ideias baseadas na culpa, na dúvida e no arrependimento. O ato de antepor os direitos próprios aos alheios passa a ser absolutamente criticável. Alguém que tenha seu caráter forjado em um ambiente caracterizado por tais práticas e valores possivelmente se tornará um adulto que confundirá, mais ou menos subconscientemente, o que por justiça merece e o que seria egoísmo censurável. Por isso, para evitar os terríveis sentimentos de culpa, essa pessoa opta pela negação de todo e qualquer reconhecimento meritório e se comporta em relação a si mesma como se fosse um inimigo, ao qual não se deve dar a mínima oportunidade.

Uma personalidade que amadureça nessa linha de conduta costuma sofrer dificuldades quando tem de demonstrar suas aptidões e habilidades. Todas as suas energias se dispersam, faltando-lhe foco e tranquilidade. Para complicar ainda mais, uma parte de sua consciência atua como um inimigo interior que bloqueia a espontaneidade.

Tudo isso constitui um traço de comportamento negativo e – embora a pessoa tenha a falsa convicção de que se ela é assim há muitos anos já não pode mais mudar – uma psicoterapia poderia ajudá-la.

O primeiro passo é tomar consciência de que o problema existe, para depois observar a própria conduta diária, prestando atenção na quantidade de vezes em que se priva de pequenos prazeres achando que não merece. E, a partir daí, reconhecer e valorizar os menores sucessos e esforços positivos. Agindo assim, uma pessoa talvez possa aprender a lutar por aquilo que considera mais importante e que por justiça merece.

➡ Como você poderia trabalhar a seu favor?
➡ O que você pode fazer por você para minimizar os possíveis sentimentos de culpa?

Como o que acreditamos influencia nossa vida

Nós não agimos no mundo direta ou imediatamente, mas sim por meio de mapas internos (sistemas de crença) do mundo. Qualquer indivíduo que diz "não consigo" ou "ninguém me ama" está, na realidade, usando uma linguagem para descrever seu "mapa" (seus sistemas de crença interior), mas não necessariamente o mundo real ou suas experiências reais.

Os pensamentos e sistemas de crença influenciam, positiva ou negativamente, nossos comportamentos, determinando o que procuramos, o que reconhecemos e o que interpretamos. Em geral, eles expressam os elementos que aprendemos a acreditar que são significativos. Se, por exemplo, acreditamos que alguém é bem-humorado e gentil, tendemos a ser especialmente sensíveis a qualquer demonstração de afeto por parte dessa pessoa. Quando acreditamos que uma situação externa pode nos prejudicar, ficamos mais vulneráveis. Nossos sistemas de crença nos levam a fazer profecias que se autorrealizam, a perceber seletivamente coisas que nos confirmam que elas estão corretas. Nós nem mesmo percebemos que nossa percepção está sendo tendenciosa e assim somos levados a confundir nossas crenças com a própria realidade.

> Para toda interação entre indivíduos – seja entre amigos, amantes ou familiares – cada pessoa traz consigo um conjunto de sistemas de crença ou mapas internos. Nós reagimos e funcionamos diante da realidade com base em nossas metáforas, que se tornam nossa realidade individual e pessoal.

Os sistemas de crença são poderosos, especialmente aqueles que sustentamos sobre nós mesmos. Quando acreditamos em algo sobre nós mesmos, tornamos aquilo parte de nós – por exemplo, quando ficamos empacados procurando evidências de que *somos odiados*, sem considerar as vezes em que fomos queridos. Nossa autoimagem, o que acreditamos ser, é uma construção nossa, a partir de situações selecionadas com base em nosso passado, que orientam o futuro, informando-nos o que somos e também no que podemos ou não podemos nos transformar.

A maior parte do que pensamos, dizemos ou fazemos é, portanto, produto daquilo que acreditamos sobre nós mesmos, nossa identidade, nosso potencial e nossos próprios limites. Algumas crenças pessoais limitam nosso sentido de poder e eficiência. "Não há nada que eu possa fazer" é a afirmativa clássica da impotência. Outros problemas de poder começam por "Eu não consigo...", "Eu nunca seria capaz...", "Eu não tenho capacidade para..." ou "Ninguém me ouviria..."

Nossos sistemas de crença podem nos impedir de exercitar novas escolhas na resolução de situações problemáticas. Mas não precisamos deixar que crenças negativas determinem e limitem nosso valor e nossa capacidade. Podemos trocá-las por outras que sejam mais satisfatórias e mais permissivas. Em vez de "Eu não consigo...", podemos ser mais afirmativos com "Eu vou...", "Eu posso...", e assim por diante.

Esse é um dos objetivos que podemos procurar alcançar: aprender a reconhecer nossas crenças pessoais limitadoras e dar a elas um novo significado, um novo sentido.

> ➡ Quais são seus valores ou suas crenças fundamentais sobre a vida?
> ➡ Como esses valores se expressam em suas palavras e ações?

Situar-se na família é mostrar que existimos

Muitas vezes nós esperamos dos outros membros da família muito mais do que eles podem dar em matéria de compreensão. Quando queremos que um familiar nos compreenda e isso não acontece, nos sentimos dolorosamente solitários. Nossas expectativas são tão altas que não levamos em consideração que os outros membros da família, as pessoas que nos amam, são seres humanos e, portanto, também são tão frágeis quanto nós. Esquecemos que eles também podem precisar de nossa compreensão – é preciso olhar o outro lado.

Naqueles dias em que a saúde, a falta de tempo, os problemas no trabalho contribuem para a fadiga, tornando difícil compreender nossos familiares, talvez seja melhor explicar que estamos sem disponibilidade para ouvi-los, deixando aberta a possibilidade de fazê-lo depois. Agindo assim, estaremos sendo francos e sinceros e eles não esperarão de nós mais do que podemos dar, pois estaremos nos situando.

Situar-se na família é mostrar que existimos, que temos nossos limites, mas também é respeitar os outros. Aceitar que tudo está mudando em nossa vida constantemente e que as coisas mudam para os outros também. Pode ser que seja difícil para eles compreenderem isso, assim como pode ser difícil para nós compreendermos suas reações. Será preciso buscar o diálogo para estabelecer um novo equilíbrio.

> Uma atitude agressiva rompe o diálogo e aumenta a distância.

O essencial talvez seja marcarmos bem os limites, respeitando ao mesmo tempo os limites dos outros. Encontrar espaços de liberdade, lugares onde possamos existir para nós próprios, onde os outros não possam entrar sem permissão. São coisas muito simples, às vezes difíceis de se perceber.

Situar-se no seio da família é também saber não levar tudo ao pé da letra, mesmo quando os outros reagem com brutalidade, nos desvalorizando. É preciso não levar isso a ferro e fogo, não nos fecharmos. Tudo isso pode parecer insignificante, mas ajudará para que também nos afirmemos fora de casa.

Existir em família não significa submissão, mas mostrar nossa existência, mesmo quando temos vontade de nos revoltar, chutar o balde, acabar com tudo. Nesses casos devemos nos afirmar de forma positiva, pois a revolta negativa confunde e lança a culpa sobre os outros, que também reagirão de modo negativo. Reagir defensivamente significa mais uma falta de atenção do que a busca de alguém que quer se fazer entender.

Os conflitos devem existir, pois são necessários para o crescimento. Seria absurdo pensar o contrário, pois o problema não está na oposição dos contrários, mas no fato de não podermos nos expressar. É normal não estarmos de acordo com tudo, é necessário nos sentirmos livres para nos comunicar.

⇒ Todo mundo experimenta conflitos. Às vezes são internos, às vezes são interpessoais. Relembre suas respostas específicas a situações conflitivas em sua vida.

Solidão no casamento

De um ponto de vista lógico, o lugar em que seria menos provável experimentar a solidão seria em um ambiente em que as pessoas vivessem juntas, debaixo do mesmo teto, no casamento e na família. Afinal de contas, há o mito de que solidão significa estar isolado, afastado das outras pessoas!

Mas o fato é que, atualmente, em nossa sociedade, a solidão se manifesta fria e intensa no interior das famílias. A proximidade física contínua contribui para consolidar mágoas e medos não solucionados. Tais sentimentos podem até ser atenuados nos momentos em que os membros da família estão separados, por causa do trabalho ou de algum lazer. Talvez seja por isso que os fins de semana constituam períodos de crise nesses lares – passar 48 horas na companhia de alguém com quem não podemos ou não queremos nos comunicar, com medo de uma reação de incompreensão ou rejeição, é a solidão em seu estado mais puro e frio.

Quando se trata das pessoas da família, nós sempre esperamos muito mais em matéria de compreensão. Se isso não acontece, nossa experiência de solidão pode se tornar terrível. A intensidade de nossas reações às pessoas está na razão direta do grau de nossas expectativas: se esperamos que alguém nos compreenda e descobrimos que isso não acontece, ficamos desapontados. Mas quando uma pessoa de nossa própria família deixa de nos compreender, nos sentimos profunda e dolorosamente solitários.

É preciso lembrar sempre que as pessoas que nos amam também são

> **Nossas expectativas em casa podem chegar a ser tão elevadas que não levamos em consideração que nossos familiares podem ser frágeis, como os outros seres humanos.**

humanas e que há dias em que a saúde, a disponibilidade de tempo, os problemas no trabalho ou nos demais afazeres contribuem para a fadiga, tornando difícil, senão impossível, compreender os outros, muito menos a nós mesmos.

Quando isso ocorre, talvez seja melhor parar para conversar e explicar que estamos preocupados com algum problema e que não nos sentimos em condições de escutar, deixando claro que estamos dispostos a fazê-lo em um momento mais propício. Dessa forma, estaremos sendo sinceros e evitando que as pessoas esperem mais do que podemos dar nesse momento.

Há casais que ainda se comunicam, ocasionalmente se tocam e se olham, em uma situação em que cada um vai se sentindo mais e mais distante do outro, experimentando a angústia da solidão no casamento. Experimentam um tormento indescritível ao viver sob o mesmo teto, comer na mesma mesa, sentar na mesma sala e partilhar a mesma cama, sentindo medo da intimidade e do amor.

É possível que, em uma ocasião ou em outra, muitos de nós já tenhamos experimentado esse tipo de solidão. Sentados diante um do outro, durante uma refeição, os olhos se encontrando por alguns segundos, pois olhar por mais tempo poderia nos tornar vulneráveis. Alguém já disse que os olhos são as janelas da alma, pois revelam praticamente tudo o que estamos sentindo.

ANTONIO GUILLEM/SHUTTERSTOCK

Por outro lado, as palavras cautelosas contribuem apenas para aumentar a tensão, que a cada momento vai se tornando mais e mais insuportável para nós. Quando pensamos nesses momentos como uma boa ocasião para partilharmos sentimentos e arriscar alguma coisa, ficamos duplamente apavorados com a possibilidade da confrontação, sem a certeza de que podemos nos arriscar a uma reação que talvez não fosse a que desejaríamos. Querer... mas fugir, "pisando em ovos" um com o outro. Não podemos dizer nada sem antes ensaiar cada palavra. Podemos ofender, expressando sentimentos que irão derrubar de vez um relacionamento já vacilante. Será que a outra pessoa irá aceitar se lhe contarmos o nosso sofrimento? Teremos coragem de reagir ao que ela disser? Seremos repelidos, se estendermos a mão em um pedido de socorro? Se manifestarmos a nossa apreciação, isso não seria mais tarde usado contra nós?

Assim é o estado congelado de solidão no casamento: duas pessoas querendo arriscar, mas paralisadas ao pensarem em fazê-lo. Não surpreende que muitas vezes essas pessoas desejem secreta e desesperadamente a mesma coisa, mas cada uma esperando que a outra assuma o risco, dando o primeiro passo.

Nós nos sentimos importantes para as pessoas que se esforçam em nos compreender – e sendo compreendidos nos sentimos amados. De um ponto de vista interpessoal, o oposto da solidão é a compreensão: nada desfaz a solidão mais rapidamente do que a compreensão.

> ➠ **Relembre as situações em que você se sentiu só e incompreendido(a).**

Sucesso ou fracasso?

"Como eu não o farei bem, então é melhor não o fazer."

Algumas pessoas se movem pela "lei do tudo ou nada". Possuem um perfeccionismo exagerado, combinado com uma falta de capacidade para enfrentar o fracasso. Como consequência, encontram-se constantemente paralisadas em suas ações e decisões, pois pensam equivocadamente que é melhor não agir do que se arriscar a fracassar. Não percebem que tomar decisões e agir é algo que envolve as possibilidades tanto de êxito como de fracasso, enquanto não agir é obviamente um fracasso sempre, porque nunca se alcançará fim algum.

O valor real do sucesso ou do fracasso se deve buscar na coerência mental e na repercussão afetiva que ambos têm no sujeito protagonista da ação, já que os dois julgamentos podem determinar a forma de atuar, como estímulo (o êxito) ou então como freio (o fracasso).O êxito estimula na busca de novos êxitos, condicionando-nos positivamente. O fracasso induz à paralisação para prevenir e evitar outros possíveis fracassos.

Em qualquer ação que realizamos, existem três fases principais:

➤ *objetivo* – nela estão presentes o desejo e a intenção de realizar a ação, e se decide de um modo mais ou menos consciente a conveniência ou não de agir. O objetivo terá uma duração e complexidade relativas à importância da tarefa a realizar e está subordinado à vontade do indivíduo;

➤ *ação* – fase em que o indivíduo executa a atividade desejada em busca de atingir seu objetivo. Essa fase é função da capacidade pessoal e é influenciada por fatores internos, como a vontade, e por fatores ambientais;

➤ resultado – fase em que se consegue ou não o objetivo procurado. Manifesta-se o resultado final do propósito e da ação e tem lugar um juízo valorativo do processo.

Geralmente, uma atuação é julgada em função de seus objetivos: se os fins pretendidos forem alcançados, considera-se que a tarefa teve êxito. Se não forem conseguidos, diz-se que foi um fracasso.

O fracasso pode ocorrer em virtude de um erro no objetivo: uma intenção equivocada, pretensões ilusórias ou objetivos inatingíveis. Também pode acontecer um erro de atuação, fato que não depende exclusivamente do indivíduo, pois muitas vezes existe uma influência decisiva de circunstâncias ambientais.

O sucesso ou o fracasso de um empreendimento podem ser avaliados objetiva ou subjetivamente. A análise é objetiva quando é fruto de uma observação externa, independente da ação realizada pelo sujeito e do resultado final dos objetivos. Por outro lado, dizemos que ela é subjetiva quando é realizada pelo próprio indivíduo, em função da satisfação pessoal conseguida.

Essas avaliações não precisam necessariamente coincidir. Não é incomum a disparidade de critérios entre executor e observador na avaliação de um trabalho realizado. O primeiro pode sentir-se muito satisfeito com sua obra e não receber a aprovação geral, e vice-versa. Isso ocorre com frequência no terreno artístico. *Quando a intenção do indivíduo é tão somente buscar a aprovação geral, obviamente a análise objetiva e subjetiva deve coincidir para que se obtenha sucesso.*

➠ **Anote algumas maneiras pelas quais você poderia medir o sucesso na sua vida.**

Quando é preciso tomar conta de nós mesmos

Nós, os seres humanos, nascemos dependentes. Temos de percorrer um extenso caminho ao longo do ciclo vital para aprendermos realmente a tomar conta de nós mesmos.

Quando crianças, éramos espertos e intuitivos, por isso nossos relacionamentos se baseavam em arranjar alguém para cuidar de nós. Desde pequenos percebemos intuitivamente a possibilidade de tentar agradar nossos pais, atendendo suas necessidades emocionais, para que continuassem a cuidar de nós.

Mais tarde, nossos relacionamentos continuaram seguindo o mesmo esquema, como se houvesse um acordo inconsciente: "Vou fazer aquilo que você quer que eu faça e ser a pessoa que você quer que eu seja, assim você ficará perto de mim, dando-me o que preciso e não me abandonará".

Ocorre que esse sistema não funciona muito bem. As outras pessoas nem sempre são capazes de atender às nossas necessidades de maneira coerente ou satisfatória, de modo que frequentemente ficamos decepcionados e frustrados. Com isso, ou tentamos mudá-las para que melhor se adaptem às nossas necessidades (o que nunca dá certo), ou nos conformamos em aceitar menos do que realmente desejamos. Além disso, quando tentamos dar-lhes o que elas querem, quase inevitavelmente fazemos coisas que não queremos realmente fazer e acabamos ficando ressentidos, consciente ou inconscientemente.

É preciso compreender que não dá certo viver na expectativa de que, ao cuidar dos outros, eles irão cuidar de nós. Somos as únicas pessoas que realmente podem cuidar bem de nós, de modo que deveríamos fazê-lo diretamente, permitindo que os outros façam o mesmo por eles mesmos.

O que significa tomar conta de nós? Significa termos algum tempo disponível para ouvir nossos sentimentos – incluindo-se aí os sentimentos da criança que existe dentro de nós, que às vezes está ferida ou com medo – e responder com carinho e amor do modo mais adequado. Significa colocar nossos sentimentos internos em primeiro lugar e acreditar que, fazendo isso, as necessidades de todos serão cuidadas e tudo o que precisa ser feito será realizado. Por exemplo, se nos sentimos tristes, podemos mergulhar na cama e chorar, tomando um tempo para ser carinhosos e cuidar de nós mesmos. Podemos também procurar alguma pessoa afetuosa com quem conversar, até que alguns sentimentos sejam liberados e nos sintamos mais leves.

Se estivemos trabalhando duro demais, podemos aprender a pôr de lado o trabalho, por mais importante que pareça, tomando algum tempo para nos divertirmos ou apenas tomando um banho quente e lendo um bom livro.

Se uma pessoa de quem gostamos deseja algo de nós que não queremos fazer, podemos aprender a dizer não e a acreditar que ela realmente estará melhor assim do que se fizéssemos o que ela queria em um momento em que não queríamos fazê-lo. Dessa maneira, quando dizemos "sim", queremos realmente dizer "sim".

Finalmente, há um ponto importante a ser considerado aqui: tomar conta de si mesmo não significa "fazer isso sozinho". Criar um bom relacionamento consigo mesmo não é algo que se faz no vazio, sem um relacionamento com outras pessoas. Se fosse assim, bastaria que nos isolássemos durante alguns anos, até que cada um de nós tivesse um perfeito relacionamento consigo mesmo, para logo em seguida passar subitamente a ter relacionamentos perfeitos com os outros.

É muito importante sermos capazes de estar a sós, e é comum que as pessoas se retirem dos relacionamentos exteriores até que se sintam realmente satisfeitas consigo mesmas. Entretanto, mais cedo ou mais tarde teremos de usar os "espelhos", construindo e reforçando o relacionamento com nós mesmos no mundo externo, por meio da interação com as outras pessoas.

➡ O que você faz para conseguir afeto?
➡ Você tem medo de pedir um abraço? O que pode acontecer?

Viver o presente

O modo como conseguimos lidar com nossas experiências ao longo do tempo é importante e decisivo em nossa vida. Tomemos como exemplos trechos dos depoimentos de dois adultos jovens, personagens fictícios: Sueli e Maurício.

"Fui despedida do emprego. Levei um fora do meu namorado. Tudo isso no mesmo dia! Eu sou mesmo um fracasso! Parece que jamais vencerei na vida. Por que as pessoas não me aceitam e não me dão oportunidades? Sempre foi assim, eu me lembro bem de quando era criança. Meu pai nunca estava satisfeito com meu desempenho na escola, nem com o que eu fazia. Eu não era suficientemente boa para ele. Na escola eu nunca conseguia fazer o que os professores queriam. Sempre chegava atrasada e também não conseguia completar as lições e não tinha amigos. Creio que não nasci para ser bem-sucedida. Por isso, poderia já estar acostumada a ser um fracasso!"

Sueli

"Eu só estou há um ano na empresa e vou ser promovido. Na Universidade e no colegial também tive sucesso. No entanto, esta promoção foi o melhor que me aconteceu até agora, porque eu poderei comprar o carro que sempre quis. Além disso, vou casar com minha namorada. Também quero economizar para dar entrada no financiamento de uma casa. Depois, filhos. Certamente conseguirei melhorar meu salário e liquidarei a hipoteca em menos de quinze anos. Sei que serei capaz de sustentar a família e dar uma boa educação para os meus filhos."

Maurício

Ambos estão tentando explicar sua vida, dando-lhe um sentido. Mas há um tom emocional completamente diferente. Sueli é negativa, pessimista, desesperançada. Maurício é positivo, otimista, sonhador. Cada um deles pretende compreender o momento em que se encontram, mas tentam fazê-lo tomando como referência outro contexto, em que não estão procurando explicações no passado ou projetando-se no futuro. Ambos evitam olhar o presente.

Sueli está voltada para as experiências passadas, considerando-as uma boa justificativa para as dificuldades do presente. Ela usa o passado para desculpar o presente. Se conseguir fazê-lo, então ficará bem claro que não tem responsabilidade pelo que lhe acontece. Ninguém poderá culpá-la! E não vê nenhuma saída para a sucessão de sofrimentos em que se encontra. Poderá continuar jogando para sempre uma espécie de jogo do tipo "coitadinha de mim!"

Maurício está mergulhado no futuro. Quase esqueceu o passado – salvo o que o conduz ao sucesso presente e às expectativas de maior sucesso no futuro. É um homem de triunfos futuros, experiências futuras – não só para si mesmo, mas também para a família que está para vir. Não os possui ainda, mas estão disponíveis em sua mente. Seu sucesso é líquido e certo, mera questão de tempo. Pode ser que realmente não saiba o que desejar no presente, uma vez que suas intenções estão projetadas e relacionadas com o futuro. O sentido de sua vida presente é, portanto, tão vago como o da primeira personagem, que a dirige amplamente para o passado. É claro que muitas pessoas que se sentem presas a um passado penoso trocariam de lugar com o segundo personagem.

Ambos constituem exemplos de como alguém pode evitar o presente, seja fixando-se no passado, seja focalizando apenas o futuro. Suas atenções estão sendo continuamente desviadas do que está acontecendo para o que foi ou para o que será.

Não há dúvidas de que todos nós precisamos do passado para aprender com as experiências e evitar cometer os mesmos erros. Também precisamos focalizar no futuro, planejar, enfrentar novos desafios. Mas é importante considerar que só temos um presente absoluto, que contém tanto o passado como o futuro. E que ao abrirmos nossa mente de maneira completa para o momento presente deixamos de ansiar por possibilidades futuras ou nos entregar a arrependimentos e obrigações do passado.

➠ **Qual é o significado de sua vida agora?**

Dar um sentido para a vida

Muitas pessoas quando se separam costumam sentir vontade de ficar a sós e de reconquistar plenamente as liberdades perdidas durante o casamento. Nesse caso, o período seguinte à separação pode ser muito fecundo e rico se for empregado para conhecer-se melhor e para entrar em contato com pessoas e realidades novas.

Se, no entanto, faltar o impulso para um envolvimento total e profundo com outra pessoa não há motivo para preocupações. Depois de uma experiência de término de casamento, a pessoa tem todo o direito de ficar hesitante diante da possibilidade de uma nova convivência. Naturalmente, é importante sermos capazes de estar a sós, e é comum que as pessoas se retirem dos relacionamentos exteriores até que se sintam realmente satisfeitas consigo mesmas. Entretanto, cedo ou tarde elas terão de usar os "espelhos", construindo e reforçando o relacionamento consigo mesmas no mundo por meio da interação com as outras pessoas.

Embora aquelas que optam por viver sozinhas durante um período indeterminado de tempo sejam às vezes rotuladas de superficiais, egoístas e incapazes de ter boas relações com os outros, elas não devem se incomodar, pois essas críticas estão baseadas no já conhecido e desgastado lugar-comum segundo o qual uma pessoa só pode se considerar completa se tem um companheiro fixo.

Depois de uma separação, as pressões sociais e culturais que atuam na vida particular da pessoa têm um poder muito reduzido se comparado ao período anterior. A pessoa separada é, frequentemente, uma pessoa "amadurecida", que já sabe o que representa ceder às pressões alheias.

Além disso, essa maturidade lhe permite reconhecer melhor suas verdadeiras necessidades. Não há nada de estranho, por exemplo, se ela sentir vontade de se aventurar em relacionamentos amorosos fugazes e se tiver a curiosidade de explorar as pessoas e o ambiente em que vive com um tipo de atenção minuciosa que lhe era estranha quando casada.

Uma boa elaboração de uma separação pode vir a ser aquele momento de crise que torna a pessoa consciente de sua liberdade individual, isto é, do fato de que cada um é completamente responsável por si mesmo. Essa consciência, caso seja adquirida profundamente, constitui uma grande força que sustenta a pessoa separada nas opções que esperam por ela. Quem prefere viver sozinho por algum tempo não deve pensar que se trata de uma opção que, uma vez realizada, marca irreparavelmente todo o curso da existência. Qualquer que seja a novidade que o futuro reserva, deve-se tentar viver bem no presente. Do mesmo modo, a decisão de viver sozinho não deve ser considerada um ajuste temporário sem importância.

Viver com criatividade significa fazer com que o presente não seja a repetição obrigatória do passado. Isso depende em grande parte dos relacionamentos com os outros, nos quais, em geral, a pessoa que acabou de se separar vê uma ameaça à própria liberdade. Ao contrário, para viver no presente com plenitude é necessário poder reconhecer com confiança a interdependência que se estabelece entre as pessoas e aceitar sem receios tanto a dependência funcional (coabitação, relações de trabalho, relações familiares etc.) quanto a dependência emocional (o desejo e a troca de amor, afeto e atenções). Depois de ter alcançado um bom grau de autonomia e maturidade emocional pode-se viver sem ansiedade também esses tipos de relações sem correr o risco de ser dominado por elas.

> **Saber viver com criatividade é o fundamento sobre o qual deveria se assentar cada passo de nossa vida.**

⇒ Você seria capaz de libertar a criança que existe em seu interior e experimentar seu próprio potencial?

GRÁFICA PAYM
Tel. [11] 4392-3344
paym@graficapaym.com.br